大连大学马克思主义理论教学与研究文库
教育部产学合作协同育人项目（2410032703
辽宁省教育科学"十四五"规划2024年度课
辽宁省教育厅基本科研项目（LJ1124112580

思创融合视域下大学生创新教育与实践

茹丽静◎著

Innovation and Entrepreneurship Education in the Integration of Ideology and Creativity

中国财经出版传媒集团
经济科学出版社
·北京·

图书在版编目（CIP）数据

思创融合视域下大学生创新教育与实践 / 茹丽静著.
北京：经济科学出版社，2025.6. -- ISBN 978-7-5218-7048-0

Ⅰ.G640

中国国家版本馆 CIP 数据核字第 20254MW765 号

责任编辑：冯　蓉
责任校对：王京宁
责任印制：范　艳

思创融合视域下大学生创新教育与实践
茹丽静　著

经济科学出版社出版、发行　新华书店经销
社址：北京市海淀区阜成路甲 28 号　邮编：100142
总编部电话：010 - 88191217　发行部电话：010 - 88191522
网址：www.esp.com.cn
电子邮箱：esp@esp.com.cn
天猫网店：经济科学出版社旗舰店
网址：http://jjkxcbs.tmall.com
北京季蜂印刷有限公司印装
710 × 1000　16 开　14 印张　200000 字
2025 年 6 月第 1 版　2025 年 6 月第 1 次印刷
ISBN 978 - 7 - 5218 - 7048 - 0　定价：78.00 元
(图书出现印装问题，本社负责调换。电话：010 - 88191545)
(版权所有　侵权必究　打击盗版　举报热线：010 - 88191661
QQ：2242791300　营销中心电话：010 - 88191537
电子邮箱：dbts@esp.com.cn）

PREFACE 前言

在科技革命与产业变革持续深化的时代场域中,创新已成为驱动社会发展与个体成长的核心动力。大学生作为国家战略人才储备的重要组成部分与科技创新的先锋力量,其创新教育成效不仅直接影响个体职业发展路径选择与核心竞争力培育,更在宏观层面深刻关联国家创新体系构建进程及中华民族伟大复兴战略目标实现。在此背景下,系统探究思想政治教育与创新创业教育的融合路径,重构符合时代需求的大学生创新教育与实践体系,已成为高等教育领域兼具理论紧迫性与现实必要性的重要课题。

经济全球化的加速推进与知识经济时代的全面到来,正重塑人才培养的价值坐标。传统以知识传授和技能培训为核心的教育范式,逐渐显现出与时代需求的结构性矛盾:其单向度的知识传递方式,难以培育适应复杂社会环境的动态能力;标准化的技能训练体系,无法满足创新驱动发展对复合型人才的多元需求。创新能力作为新时代人才的核心素养,已突破科技研发的单一范畴,深度渗透至经济、文化、社会治理、生态保护等各个维度。这一转变迫切呼唤具备创新思维、创业能力、创造精神与社会责任感的复合型人才,能够在多元领域中以创新驱动发展,实现个人价值与社会价值的有机统一。

思想政治教育与创新创业教育在大学生成长成才过程中,各自承担着独特且不可替代的功能,同时又蕴含着内在的互补性与协同性。思想政治教育作为落实立德树人根本任务的核心环节,通过系统的马克思主义理论教育、社会主义核心价值观培育,以及爱国主义、集体主义和社会主义信念教育,帮助大学生构建科学世界观、人生观和价值观。其本质在于引导学生正确认识个人与社会、国家的关系,将个体发展置于民族复兴的宏大叙事中,培养社会责任感与历史使命感,从而为大学生成长发展奠定坚实思想基础,确保其在复杂多变的社会环境中保持正确的价值取向。

创新创业教育则是顺应时代发展潮流的重要教育模式创新。该模式以培养大学生的创新思维、创业能力和创造精神为核心目标,通过课程体系的优化设计、实践平台的搭建以及项目驱动式教学等方式,鼓励学生突破传统思维定式,勇于探索新理念、新方法和新模式。其重点在于培养学生应对不确定性和风险的决策能力、问题解决能力以及资源整合能力,使学生在实践过程中不断激发内在创新潜力,提升自身综合竞争力。然而,在当前高校教育实践中,这两种教育形态却呈现出一定的割裂状态。思想政治教育多以独立的理论课程形式存在,与专业教育及实践教学环节缺乏有效的衔接与互动,导致其价值引领功能难以转化为创新能力培养的现实动能;而创新创业教育由于缺乏正确的价值引领,容易陷入功利主义倾向,过分关注短期经济效益,忽视社会价值与伦理规范,偏离了教育的本质目标。这种分离状态不仅削弱了教育的协同育人功能,更使得人才培养难以满足时代发展对创新型人才的需求。

针对上述问题,本书以"思创融合"为核心命题,综合运用教育学、心理学、管理学等多学科理论,对思想政治教育与创新创业教育的融合展开系统研究。在理论层面,本书从哲学、教育学、社会学等多学科视角,深入剖析二者融合的理论基础;在实践层面,通过系统梳理国内外相关研究成果,结合高等教育实际情况,探索具体的融合路径与实施策略,旨在构建科学、系统、有效的大学生创新教育与实践体系。本书的研究成果,一方面期望为教育工作者提供理论参考与实践指导,助力其更新教育理念,创新教学方法,提升"思创融合"教育实践的科学性与实效性;另一方面旨在为大学生的创新创业实践提供价值导向与行动指引,帮助其在实践中坚守正确方向,充分发挥创新潜能;同时,也希望能够推动相关领域理论研究的深化与拓展,为构建具有中国特色、符合时代需求的大学生创新教育体系贡献力量。

受研究能力、时间和资源等因素限制,本书在理论探讨的深度、实践路径的广度以及研究方法的丰富性等方面,仍存在一定的局限性。在此,恳请学界同仁和广大读者不吝指正,提出宝贵的意见和建议。期待本书能够引发更多关于大学生创新教育的思考与探索,凝聚各方力量,共同推动大学生创新教育实践的高质量发展,为培养适应时代需求的创新型人才,实现中华民族伟大复兴的中国梦贡献教育智慧。

茹丽静

2025 年 6 月

CONTENTS 目 录

第一章　思想政治教育与创新创业教育融合的理论基础 …………… 1

　　第一节　思想政治教育的核心概念与理论 …………………… 1
　　第二节　创新创业教育的内涵与发展 …………………………… 7
　　第三节　思创融合的理论依据与必要性 ……………………… 22
　　第四节　高等教育格局与思创要素的融合 …………………… 35

第二章　思想政治教育对大学生创新创业的价值引领 …………… 43

　　第一节　思想政治教育培养大学生的创新品质 ……………… 43
　　第二节　思想政治教育引导大学生的创业道德 ……………… 47
　　第三节　思想政治教育助力大学生的创造精神 ……………… 53
　　第四节　思想政治教育培育大学生的科学家精神 …………… 60

第三章　创新创业教育中的思想政治元素融入 …………………… 65

　　第一节　创新创业课程中的思政内容渗透 …………………… 65
　　第二节　创新创业实践活动中的思政教育体现 ……………… 72
　　第三节　创新创业文化中的思想政治导向 …………………… 78

第四章　融合视域下大学生创新教育与实践的模式构建 ………… 85

　　第一节　教育目标的融合设定 ………………………………… 85

第二节　课程体系的融合设计 …………………………………… 91
　　第三节　教学方法的创新运用 …………………………………… 97
　　第四节　评价机制的融合建立 …………………………………… 104

第五章　大学生创新教育与实践的平台搭建 …………………………… 112
　　第一节　校内实践平台的建设与优化 …………………………… 112
　　第二节　校外合作平台的拓展与整合 …………………………… 124
　　第三节　网络平台的运用与创新 ………………………………… 135

第六章　大学生创新项目的全过程管理与思想政治教育 ……………… 145
　　第一节　项目选题阶段的思政引导 ……………………………… 145
　　第二节　项目实施阶段的思想动态关注与支持 ………………… 155
　　第三节　项目成果评估阶段的思政考量与反馈 ………………… 161

第七章　思创融合教育实践中的挑战与应对策略 ……………………… 169
　　第一节　观念层面的挑战与转变 ………………………………… 169
　　第二节　师资队伍建设的挑战与优化 …………………………… 175
　　第三节　资源整合和保障的挑战与解决途径 …………………… 179

第八章　融合视域下大学生创新教育与实践的案例分析 ……………… 184
　　第一节　成功案例展示与剖析 …………………………………… 184
　　第二节　失败案例反思与启示 …………………………………… 190

第九章　未来展望与发展趋势 …………………………………………… 196
　　第一节　思创融合教育的发展前景预测 ………………………… 196
　　第二节　对大学生创新教育与实践的新要求 …………………… 201

参考文献 …………………………………………………………………… 208

第一章

思想政治教育与创新创业教育融合的理论基础

在当今时代，思想政治教育与创新创业教育的融合显得尤为重要。思想政治教育不仅塑造了学生的价值观和道德观，还在引导学生的创新精神和创业能力方面发挥着关键作用。本章将探讨这两种教育形式的理论基础和必要性，为后续章节的深入分析奠定基础。

第一节 思想政治教育的核心概念与理论

一、思想政治教育的内涵

（一）思想政治教育的定义

思想政治教育是指社会或社会群体用一定的思想观念、政治观点、道德规范，对其成员施加有目的、有计划、有组织的影响，使他们形成符合社会要求的思想品德的社会实践活动。这一定义涵盖了思想政治教育的多个关键要素。

从广义上讲，思想政治教育泛指一切对人们施加意识形态影响，以转变人们的思想和指导人们行动的社会行为。它不仅仅局限于学校教育，还包括家庭、社会、组织等各个层面的教育活动。例如，在家庭中，父母通过言传身教，向子女传递道德规范和价值观念，这也是一种思想政治教育。

从狭义上讲，思想政治教育主要指学校思想政治教育。在学校教育中，思想政治教育课程有明确的教学目标、教学内容和教学方法，旨在系统地培养学生的思想政治素质。

思想政治教育与其他类似概念，如道德教育和政治教育，既有区别又有联系。道德教育侧重于培养个体的道德品质和道德行为习惯，强调个人的内在修养和道德自律。政治教育则侧重于国家政治制度、政治理念的传播和教育，关注个体对国家政治体系的认知和参与。思想政治教育则是一个更为综合的概念，它融合了道德教育和政治教育的内容，还涵盖了思想观念、价值观念等多个方面的教育。

以学校开展的爱国主义教育活动为例，活动既包含了对国家政治制度和政治理念的宣传（政治教育），又强调了爱国的道德责任和行为规范（道德教育），还涉及对国家发展、民族精神等思想层面的引导（思想政治教育）。

（二）思想政治教育在教育体系中的地位和作用

思想政治教育在整个教育体系中具有极其重要的地位。它是德育的核心组成部分，对培养全面发展的人才起着关键作用。

思想政治教育有助于塑造学生正确的价值观。在当今多元化的社会环境中，学生面临着各种各样的价值观念冲击。思想政治教育能够引导学生明辨是非、善恶、美丑，树立正确的价值判断标准，从而在人生道路上作出正确的选择。例如，学校通过思想政治教育，让学生认识到诚信、友善、责任等价值观的重要性，并在日常生活中践行这些价值观。

思想政治教育有助于培养学生的社会责任感和公民意识，它使学生了解自己作为社会成员的权利和义务，关心社会公共事务，积极参与社会服务和公益活动，为社会的发展贡献自己的力量。学校组织学生参与社区志愿者活动，让他们在实践中体会自己对社会的责任和作用。

思想政治教育有助于提升学生的道德素养，它促使学生遵守社会道德规范，尊重他人、关爱他人，形成良好的道德行为习惯。学校需教育学生在公共场合遵守秩序、文明礼貌，培养他们的公德心。

由此可见，思想政治教育对于培养具有高尚品德、强烈社会责任感和正确价值观念的全面发展人才具有不可替代的作用。

二、思想政治教育的理论流派

（一）马克思主义相关理论

马克思主义为思想政治教育提供了坚实的理论基础。马克思主义关于意识形态的理论指出，意识形态是社会存在的反映，具有相对独立性和反作用。思想政治教育作为一种意识形态工作，能够通过传播先进的思想观念和价值体系，影响和塑造人们的思想意识，从而推动社会的发展。

马克思主义的阶级斗争理论为思想政治教育提供了重要启示。在阶级社会中，不同阶级之间存在着利益冲突和斗争。思想政治教育要引导人们正确认识阶级关系，树立站在先进阶级立场的意识，从而凝聚力量，为实现阶级利益与推动社会进步而奋斗。

马克思主义关于人的全面发展理论为思想政治教育提供了重要目标指向。人的全面发展包括人的体力、智力、道德品质等各个方面的充分发展。思想政治教育要致力于促进人的全面发展，培养具有创新精神、实践能力和高尚道德品质的社会主义建设者和接班人。

例如，在社会主义建设过程中，党和政府通过思想政治教育，激发人民群众的积极性和创造性，使他们认识到自己在社会主义建设中的历史使命，为实现共同富裕和社会进步而努力工作。

（二）中国特色社会主义思想政治教育理论

中国特色社会主义思想政治教育理论是在马克思主义基本原理的指导下，结合中国的具体实际和时代特征形成和发展起来的。

中国特色社会主义思想政治教育理论的形成经历了一个长期的过程。在新民主主义革命时期，思想政治教育为动员广大人民群众投身革命斗争发挥了重要作用。新中国成立后，思想政治教育在社会主义建设和改革的各个阶段不断发展和完善。

中国特色社会主义核心价值观是中国特色社会主义思想政治教育理论的核心内容。富强、民主、文明、和谐，自由、平等、公正、法治，爱国、敬业、诚信、友善，这24个字涵盖了国家、社会和个人三个层面的价值追求，为思想政治教育提供了明确的价值导向。

在新时代，中国特色社会主义思想政治教育理论不断创新和发展。它强调要加强理想信念教育、弘扬中华优秀传统文化、培育和践行社会主义核心价值观，同时要适应互联网时代的特点，创新思想政治教育的方式方法。互联网和新媒体平台为开展思想政治教育，提供了更丰富、更便捷、更形象和更有效的形式与手段，学校及教育工作者通过短视频、网络直播等形式传播正能量，增强思想政治教育的吸引力和感染力。

三、思想政治教育的发展脉络

（一）不同历史时期的特点和重点

在古代社会，道德和意识形态教育主要以儒家思想为核心，强调个人的道德修养和社会的等级秩序。它通过"四书五经"的教育，培养人们的仁爱、礼义、忠信等道德品质，以维护封建社会的稳定。

近代以来，随着西方思想的传入和社会变革的加剧，民主、科学、平等、自由等观念得到广泛传播。新文化运动倡导的"民主"和"科学"精神，对传统的思想政治观念产生了冲击，推动了思想解放。

新中国成立后，思想政治教育紧密围绕社会主义建设的需要，强调爱国主义、集体主义和社会主义教育。在改革开放时期，思想政治教育更加注重市场经济观念、法治观念和创新精神的培养。

（二）当代思想政治教育的新趋势

在全球化、信息化的背景下，当代思想政治教育面临着新的挑战和机遇。

一方面，信息传播的快速和多元化使得思想政治教育面临着更多复杂的思想观念和价值取向的影响。网络空间中的各种思潮和言论，容易对学生的思想产生误导。

另一方面，新媒体技术的发展也为思想政治教育提供了新的手段和平台，通过在线课程、社交媒体等渠道，可以更广泛、更便捷地传播思想政治教育内容。

当代思想政治教育在内容上更加注重时代性和针对性，关注社会热点问题和学生的实际需求；在方法上，它强调互动式、体验式教育，注重培养学生的自主思考能力和实践能力；在手段上，它充分利用现代信息技术，实现线上线下教育的融合。

今后，思想政治教育应更加紧密地适应社会发展的新变化，创新教育理念和方法，为培养德智体美劳全面发展的社会主义建设者和接班人发挥更加重要的作用。

综合归纳思想政治教育基本要素，如图 1-1 所示。

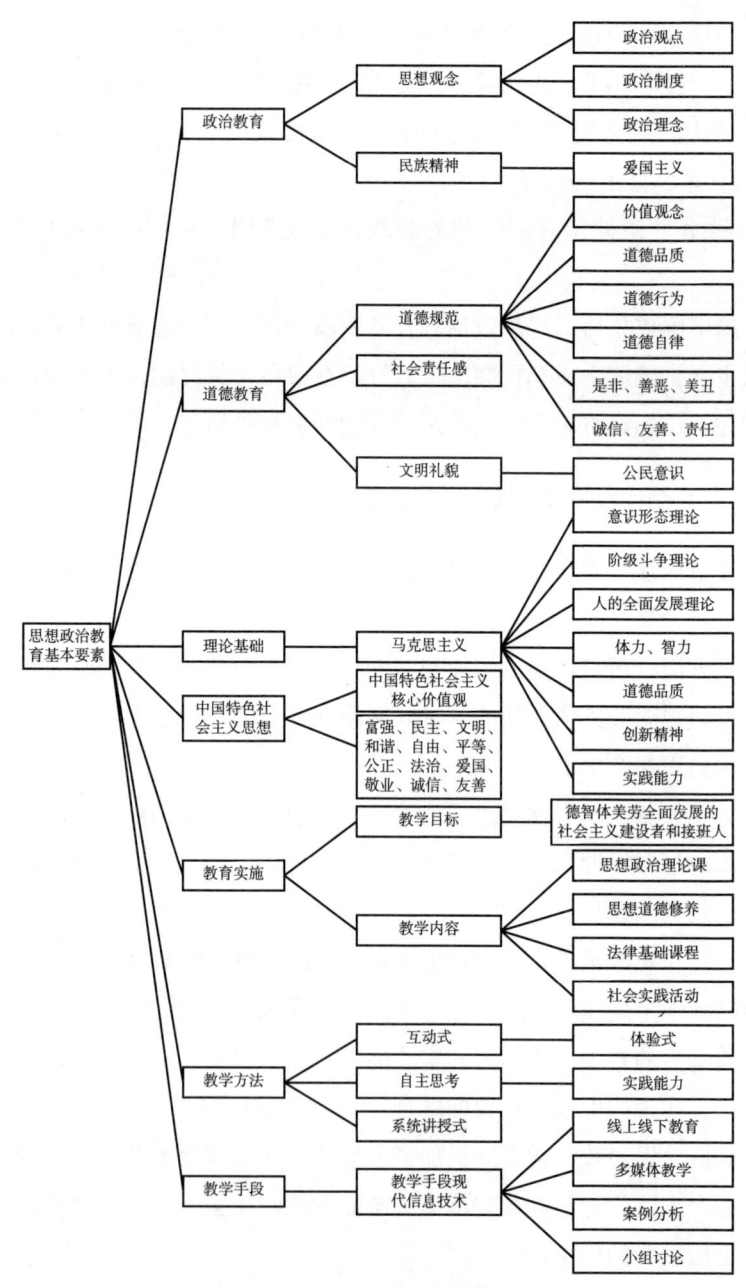

6 思创融合视域下大学生创新教育与实践

图 1-1 思想政治教育基本要素

- 思想政治教育基本要素
  - 政治教育
    - 思想观念
      - 政治观点
      - 政治制度
      - 政治理念
    - 民族精神
      - 爱国主义
  - 道德教育
    - 道德规范
      - 价值观念
      - 道德品质
      - 道德行为
      - 道德自律
    - 社会责任感
      - 是非、善恶、美丑
      - 诚信、友善、责任
    - 文明礼貌
      - 公民意识
  - 理论基础
    - 马克思主义
      - 意识形态理论
      - 阶级斗争理论
      - 人的全面发展理论
      - 体力、智力
  - 中国特色社会主义思想
    - 中国特色社会主义核心价值观
      - 道德品质
      - 创新精神
      - 实践能力
    - 富强、民主、文明、和谐、自由、平等、公正、法治、爱国、敬业、诚信、友善
  - 教育实施
    - 教学目标
      - 德智体美劳全面发展的社会主义建设者和接班人
    - 教学内容
      - 思想政治理论课
      - 思想道德修养
      - 法律基础课程
      - 社会实践活动
  - 教学方法
    - 互动式
      - 体验式
    - 自主思考
      - 实践能力
    - 系统讲授式
  - 教学手段
    - 教学手段现代信息技术
      - 线上线下教育
      - 多媒体教学
      - 案例分析
      - 小组讨论

第二节 创新创业教育的内涵与发展

一、习近平总书记关于创新的论述

习近平总书记关于创新的论述中有很多重要观点，为新时代发展指明了方向。

（一）创新的地位和作用

"科技是第一生产力、人才是第一资源、创新是第一动力。"[1] 这一论断突出了创新在国家发展全局中的核心地位和关键作用，强调了创新对于推动经济社会发展、提升国家综合实力的极端重要性。

"创新是一个民族进步的灵魂，是一个国家兴旺发达的不竭动力，也是中华民族最深沉的民族禀赋。在激烈的国际竞争中，惟改革者进，惟创新者强，惟改革创新者胜"[2]，这一论断深刻揭示了创新对于民族和国家发展的重大意义。只有不断创新，才能在激烈的国际竞争中立于不败之地。

（二）科技创新方面

强调要加快推进科技自立自强。这是因为"关键核心技术是要不来、买不来、讨不来的"[3]，必须依靠自己的力量进行研发和突破，以

---

[1] 习近平. 高举中国特色社会主义伟大旗帜为全面建设社会主义现代化国家而团结奋斗——在中国共产党第二十次全国代表大会上的报告 [EB/OL]. (2022-10-16) [2025-05-08]. https://www.gov.cn/xinwen/2022-10/25/content_5721685.htm.

[2] 习近平. 在欧美同学会成立100周年庆祝大会上的讲话 [EB/OL]. (2013-10-21) [2025-05-08]. https://www.gov.cn/ldhd/2013-10/21/content_2511441.htm.

[3] 习近平. 在中国科学院第十九次院士大会、中国工程院第十四次院士大会上的讲话 [EB/OL]. (2018-05-28) [2025-05-08]. https://www.gov.cn/xinwen/2018-05/28/content_5294322.htm.

保障国家的安全和发展。

倡导基础研究和原始创新。基础研究是科技创新的源头，要加大对基础研究的投入力度，鼓励科研人员勇于探索"从0到1"的原创性成果，为科技创新提供坚实的理论基础。

重视战略高技术的发展。"世界百年未有之大变局加速演进，科技革命与大国博弈相互交织，高技术领域成为国际竞争最前沿和主战场，深刻重塑全球秩序和发展格局。"① 我国在载人航天、嫦娥探月、人造太阳、北斗导航等重大科技领域要不断取得突破，占据科技制高点，彰显国家实力。

推动科技创新与产业创新深度融合②。科技创新要服务于经济发展，要将科技成果及时转化为现实生产力，推动产业的转型升级，催生新产业、新业态、新模式。

（三）创新文化培育

强调"倡导创新文化"③"培育创新文化"④，我们营造鼓励探索、宽容失败的良好环境，使崇尚科学、追求创新在全社会蔚然成风。

我们要保持一个在真理面前人人平等的文化氛围，不以权威压制人，不以名望排挤人，不以资历轻视人，尊重劳动、尊重知识、尊重人才、尊重创造，让全社会的创新意识竞相迸发、创造活力充分涌流。

（四）创新的保障机制

推进科技体制改革。我们要"坚决破除束缚科技创新的思想观念和

---

①② 习近平. 在全国科技大会、国家科学技术奖励大会、两院院士大会上的讲话［EB/OL］.（2024-06-24）［2025-05-08］. http：//www.moe.gov.cn/jyb_xwfb/moe_176/202406/t20240625_1137628.html.

③ 习近平. 决胜全面建成小康社会夺取新时代中国特色社会主义伟大胜利——在中国共产党第十九次全国代表大会上的报告［EB/OL］.（2017-10-18）［2025-05-08］. https：//www.gov.cn/zhuanti/2017-10/27/content_5234876.htm.

④ 习近平. 高举中国特色社会主义伟大旗帜为全面建设社会主义现代化国家而团结奋斗——在中国共产党第二十次全国代表大会上的报告［EB/OL］.（2022-10-16）［2025-05-08］. https：//www.gov.cn/xinwen/2022-10/25/content_5721685.htm.

体制机制障碍,切实把制度优势转化为科技竞争优势"①,破除制约科技创新的制度藩篱,形成鼓励大胆创新、勇于创新、包容创新的良好环境,完善科研项目管理、科研经费使用、科技成果评价等制度。

加强创新人才培养。创新之要,唯在得人。我们要培养造就"一大批具有全球视野和国际水平的战略科技人才、科技领军人才、青年科技人才和高水平创新团队"②,为创新提供人才支撑。

完善创新领域法律法规。我们"要积极推进国家安全、科技创新、公共卫生、生物安全、生态文明、防范风险、涉外法治等重要领域立法"③,规范创新行为,保障创新权益,推动科技向善,促进创新更好造福社会、推动发展。

这些论述为我国的创新发展提供了重要的理论指导和行动指南,对于推动我国实现高水平科技自立自强、建设创新型国家具有极其重要的意义。

二、创新创业的概念解析

(一)创新的含义与类型

创新,这一词汇蕴含着深刻而丰富的内涵。它指的是在现有的知识、技术、理念和实践的基础之上,以一种开创性的思维和行动,引入全新的、前所未有的理念、技术、方法、产品或服务,从而实现效率的显著提升、质量的大幅优化及竞争力的有力增强。创新的本质并不仅仅局限于创造出完全崭新的事物,更重要的是对已存在的事物进行深入的

---

① 习近平. 在全国科技大会、国家科学技术奖励大会、两院院士大会上的讲话 [EB/OL]. (2024-06-24) [2025-05-08]. http://www.moe.gov.cn/jyb_xwfb/moe_176/202406/t20240625_1137628.html.

② 习近平. 在中国科学院第十九次院士大会、中国工程院第十四次院士大会上的讲话 [EB/OL]. (2018-05-28) [2025-05-08]. https://www.gov.cn/xinwen/2018-05/28/content_5294322.htm.

③ 习近平. 在中央全面依法治国工作会议上发表重要讲话 [EB/OL]. (2020-11-17) [2025-05-08]. https://www.gov.cn/xinwen/2020-11/17/content_5562085.htm.

改进和精心的优化。

创新可分为产品、服务、技术、商业模式四大类型：产品创新如新能源汽车，革新能源利用方式；服务创新以在线医疗咨询平台为代表，突破时空限制；技术创新体现于人工智能在医疗影像诊断的应用，提升诊断效率与准确性；商业模式创新如共享单车，重塑自行车租赁模式，变革出行方式。

（二）创业的要素与过程

创业，作为一项充满挑战和机遇的活动，其成功与否取决于多个关键要素的有机结合和有效运作。

机会是创业之旅的起点，其源于市场中未被满足的需求或现有问题，等待着创业者以敏锐的洞察力去发现。创业者需要时刻保持对市场动态的高度警觉，深入了解消费者的需求和痛点，准确把握市场的趋势和变化，从而挖掘出那些尚未被满足的潜在需求，为创业提供明确的方向和目标。随着生活水平的提高和健康意识的增强，人们对健康饮食的关注度呈现出持续上升的趋势。在这样的背景下，有机食品市场逐渐崭露头角，展现出巨大的发展潜力。这一市场需求的变化为创业者提供了难得的机遇，他们可以通过开发和销售有机食品，满足消费者对健康、安全食品的追求。

创业资源是创业过程中不可或缺的重要支撑，它涵盖资金、人才、技术和信息等多个方面。充足且合理的资源配置对于创业的成功至关重要。资金是企业运营的血液，它为企业的启动、研发、生产、营销等各个环节提供了必要的经济保障。人才是企业发展的核心动力，包括具有创新思维的研发人员、经验丰富的管理人员、善于开拓市场的营销人员等，他们的专业知识和技能为企业的发展注入了强大的活力。技术是企业保持竞争力的关键，先进的技术能够帮助企业提高生产效率、优化产品质量、降低成本，从而在市场竞争中占据优势。信息则是企业决策的重要依据，及时、准确的市场信息、行业动态和技术发展趋势等，能够帮助创业者做出明智的决策,把握市场机遇,规避潜在风险。

创业团队的素质和协作能力在创业过程中起着决定性的作用。一个优秀的创业团队通常由具备不同专业技能和性格特点的成员组成,他们相互补充、相互支持,形成一个紧密协作的整体。团队成员之间的有效沟通、明确的分工和高度的协作精神是推动创业项目顺利进行的关键。例如,一个科技创业项目可能需要技术专家负责产品的研发和创新,市场营销人员负责市场推广和客户拓展,财务人员负责资金管理和风险控制,领导者需要具备卓越的战略眼光和决策能力,引领团队朝着共同的目标前进。

创业风险是创业过程中不可回避的现实问题,它来自市场变化、竞争压力、法律法规、技术更新等多个方面。市场的不确定性使得消费者需求和市场价格随时可能发生变化,从而影响企业的销售收入和利润。激烈的竞争压力可能导致企业在市场份额、价格战和客户资源等方面面临挑战。法律法规的不断调整和更新要求企业必须严格遵守相关规定,否则可能面临法律纠纷和罚款等风险。技术的快速发展可能使企业的现有技术和产品迅速过时,失去市场竞争力。因此,创业者需要具备敏锐的风险意识,能够准确识别潜在的风险,并制定科学合理的应对策略,以降低风险对企业的影响。

创业过程通常是一个充满曲折和挑战的历程,它大致可以分为以下6个阶段。

(1)创意产生阶段:它往往是创业者凭借自身丰富的生活经验、独特的观察视角和敏锐的商业直觉,萌生出独特商业想法。这个想法可能源于对日常生活中某个未被解决的问题的思考,也可能是对现有产品或服务的不满而产生的改进欲望,或者是对新兴技术和市场趋势的前瞻性判断。总之,它是一种具有某种开创性的意念。

(2)市场调研阶段:这是对创意进行考察、验证和细化的重要环节。创业者需要深入了解目标市场的规模、结构、需求特征、竞争状况等方面的信息。通过问卷调查、访谈、数据分析等方法,创业者可以收集大量的一手和二手数据，这些数据可以为后续的商业计划制订提供坚实的依据。在这个阶段，创业者需要回答一系列关键问题，如目标客户是谁、他们的需求是什么、市场的饱和度如何、竞争对手的优势和劣势在哪里等。

（3）商业计划制订阶段：这是将创意转化为具体行动方案的过程。在这个阶段，创业者需要明确企业的定位、发展战略、运营模式、营销策略、财务预算等重要内容。商业计划是创业的基础，它就像是企业的导航图，为企业的未来发展指明了方向和路径。它不仅为创业者提供了清晰的思路和目标，还是吸引投资者和合作伙伴的重要工具。

（4）企业创建阶段：这是将商业计划付诸实践的关键步骤。在这个阶段，创业者需要完成一系列必要的法务手续，如注册登记等，组建高效的团队，筹备基本的启动资金，并建立起初步的运营体系。这一阶段需要创业者具备强大的执行力和组织协调能力，确保各项工作能够有条不紊地推进。

（5）产品或服务开发与推广阶段：这是企业将创意转化为实际产品或服务，并推向市场的重要阶段。创业者需要带领团队精心打造出满足市场需求、具有竞争力的产品或服务，并通过有效的营销手段，如广告宣传、公关活动、网络营销等，将其推向目标客户群体。在这个阶段，创业者需要密切关注市场反馈，及时调整产品或服务的功能和特性，以提高客户满意度、市场占有率和产品市场竞争力。

（6）企业成长与扩张阶段：这是企业在市场上站稳脚跟后，寻求进一步发展的关键时期。在这个阶段，企业需要根据市场的变化和自身的发展状况，适时调整发展战略，扩大生产规模，拓展市场份额，增加产品线或服务项目，提升品牌影响力。企业还需要加强内部管理，优化组织架构，提高团队素质，以适应企业的快速发展。

在某些情况下，企业可能会面临转型或退出的选择。当市场环境发生重大变化、企业经营陷入困境或者原有的商业模式不再适应市场需求时，创业者需要果断地做出转型决策，寻找新的发展机遇和商业模式。

如果企业经过努力仍然无法摆脱困境，或者面临无法承受的风险和损失，退出市场也是一种明智的选择。

转型、升级、退市、再创业，是创业的基本态势。

（三）创造的特质与价值

创造，作为一种独特而具有深远影响力的人类活动，具有一系列鲜明的特质。

独特性是创造的核心特征之一。它意味着创造者能够突破常规的思维模式和现有的知识框架，孕育出独一无二、前所未有的成果。这种独特性不仅仅体现在物质产品的创造上，如发明一种全新的科技设备或设计一种新颖的建筑风格，还体现在思想、理论和艺术作品的创作中，如提出一种开创性的科学理论或创作一幅具有独特风格的绘画作品。

前瞻性是创造的另一个重要特质。创造者能够以敏锐的洞察力和超越当下的视野，预见未来的需求和趋势。他们不被当前的现实束缚，而是能够站在时代的前沿，思考未来社会的发展方向和人们的潜在需求。这种前瞻性使得创造者能够提前布局，开发出具有引领性和前瞻性的产品、服务或理念，为社会的发展和进步提供新的动力和方向。

冒险精神是创造过程中不可或缺的特质。创造者往往需要勇敢地踏入未知领域，敢于挑战传统观念和既定规则。他们不畏惧失败和风险，愿意在不确定的环境中探索和尝试。正是这种敢于冒险的精神，推动了人类社会在各个领域不断取得突破和创新。

创造具有极其重要的价值。在个人层面，创造是实现自我价值的重要途径。通过创造，个人能够将自己独特的想法和才能转化为实际的成果，从而获得成就感、自信心和社会的认可。艺术家通过独特的创作表达内心深处的情感和思想，不仅实现了自我价值的升华，还在艺术领域留下了属于自己的印记。科学家通过不懈地探索和创新，为人类知识库增添了新的知识和理论，推动了科学和社会的进步。

在社会层面，创造是推动科技进步、文化繁荣和社会发展的强大动力。科技的每一次重大突破，如互联网的发明、基因编辑技术的出现，都是人类创造力的结晶，这些创新成果极大地改变了人们的生活方式和社会运行模式。文化领域的创造，如文学、艺术、音乐等方面的创新作品，丰富了人们的精神世界，促进了文化的交流和传承。社会制度和管理模式的创新，能够解决社会发展过程中出现的各种问题，提高社会运行的效率和公平性，推动社会向更加文明、和谐的方向发展。

在经济层面，创造是催生新的产业和就业机会、促进经济增长和转型的关键因素。新的发明创新往往会带动相关产业的兴起和发展，如智能手机的普及催生了移动互联网产业的蓬勃发展，创造了大量的就业岗位和经济价值。创造还能够促进传统产业的升级和转型，提高企业的竞争力和生产效率，推动经济结构的优化和调整，实现经济的可持续发展。

三、创新创业教育的内涵

（一）培养目标与内容

创新创业教育的培养目标聚焦于全方位塑造学生，旨在培育他们的创新思维、创业能力和创造精神，使学生在这个日新月异、瞬息万变的社会环境中，能够凭借敏锐的洞察力迅速捕捉问题，并以创造性的思维和方式高效地解决问题，最终创造出具备显著价值和积极影响力的成果。

创新创业教育的培养内容涵盖多个关键且丰富的维度。

其一，创新方法和技巧的传授占据重要地位，如头脑风暴、逆向思维等多元方法的细致教导，致力于培养学生突破传统、跳出常规的思考能力。以头脑风暴为例，这种方法营造了一个开放自由、毫无拘束的思维环境，激励学生毫无保留地抛出各种新奇独特，甚至看似天马行空的想法，从而最大限度地激发学生潜在的创新灵感。逆向思维则引导学生勇敢地挑战常规的思考路径，从完全相反的方向去审视和剖析问题，进而发掘出前所未有的解决方案。

其二，创业知识和技能的培训内容广泛且深入，全面涵盖了市场营销、财务管理、人力资源管理等多个核心领域。学生通过系统地学习，可以对企业运营的各个关键环节形成清晰且全面的认知。在市场营销领域，学生将深入学习如何进行精准的市场调研，如何深入洞察消费者的潜在需求，如何巧妙制定富有吸引力的品牌推广策略，以及如何灵活运用多样化的销售手段，才能最终成功地将产品或服务推向目标市场，赢得客户的青睐和认可。在财务管理领域，学生需要掌握资金的高效筹集方式、精心编制详尽的预算方案、严格控制成本支出、精准分析利润构成等关键知识和技能，以此保障企业财务的健康稳定和可持续发展。在人力资源管理领域，学生需要掌握招聘流程中的精准筛选技巧、设计针对性强且行之有效的培训方案、构建科学合理的绩效评估体系，以及运用多样化的激励手段激发员工的积极性和创造力，从而成功打造一支高效协作、富有创新精神和强大凝聚力的卓越团队。

其三，创造能力的培养是重中之重，尤其要注重激发学生的想象力、联想能力和批判性思维能力。想象力作为创造的源头活水，鼓励学生大胆畅想未来的无限可能和未知的广阔世界，为创新和创造源源不断地提供灵感源泉。联想能力促使学生巧妙地将看似毫无关联的事物有机地联系起来，从而开拓全新的创意视野和解决方案路径。批判性思维能力则要求学生对既有的观念、方法和产品进行深入透彻地分析与评估，勇于质疑，并建设性地提出改进和完善的意见，有力地推动创新的持续发展和深化。

此外，创新创业教育还需要高度重视学生心理素质的培育，培养他们在面对挫折时展现出坚定不移的韧性和积极乐观的态度。在道德品质方面，创新创业教育则要着重强调诚实守信的重要性，教导学生尊重他人的知识产权，严格遵守商业道德规范。同时，它还要积极倡导社会责任感，激励学生关注社会的热点问题和迫切需求，将创新创业的活动与社会的可持续发展紧密结合，为社会的进步和发展贡献自己的智慧和力量。

（二）与传统教育的区别与联系

创新创业教育与传统教育之间存在着显著而清晰的差异。在教育理念的选择上，传统教育往往侧重于知识的单向传授和机械记忆，将学生主要定位为知识的被动接收者，强调对已构建的学科知识体系进行系统全面地学习和熟练掌握。其核心目标在于培养学生在特定学科领域内积累深厚的专业知识和熟练的技能，以满足社会对各类专业化人才的需求。相比之下，创新创业教育则将重点放在培养学生的实践操作能力和创新意识上，将学生视为问题的主动解决者和价值的积极创造者。它大力鼓励学生主动探索未知领域，勇敢挑战传统观念的束缚，致力于培养学生在复杂多变、充满不确定性的环境中独立思考、灵活应对并创造全新价值的综合能力。

在教学方法的运用上，传统教育通常主要依赖讲授式教学模式，教师在课堂上占据主导地位，通过系统地讲解向学生传递知识和技能，学生则更多地处于被动接受和机械记忆的状态。这种教学方式虽然有助于知识的系统传授和逻辑梳理，但在一定程度上限制了学生的主动参与和创新思维的激发。与之不同的是，创新创业教育更侧重于实践操作、案例分析和小组讨论等多元化的教学方法。实践操作环节让学生亲身参与和体验创新创业的全过程，切实培养学生的实际动手能力和解决现实问题的能力。案例分析通过引入真实鲜活的企业案例，引导学生深入剖析问题的本质，提出切实可行的解决方案，从而有效地培养学生的决策能力和创新思维。小组讨论则为学生搭建了一个思想交流和碰撞的平台，促进学生之间的紧密合作和团队协作，培养学生的沟通能力和合作精神。

在课程设置的架构上，传统教育主要以学科课程为核心基石，按照学科的分类和知识的内在逻辑体系来设置课程，如高等数学、大学英语、大学物理等学科课程。这些课程通常具有较强的理论性和系统性，但与实际应用场景的结合相对不够紧密。与之相对，创新创业教育则显著增加了更多的实践课程和跨学科课程。实践课程如创业实践、创新实验等，为学生提供了丰富的实际操作机会，让他们在亲身体验中积累宝贵的实践经验。跨学科课程则大胆打破了学科之间的固有界限，巧妙地将不同学科的知识和方法有机地融合在一起，着力培养学生的综合思维能力和创新能力。例如，将工程技术、管理学、市场营销、设计等多个不同学科的知识和方法整合在一门课程中，引导学生运用跨学科的视角和方法去解决复杂多变的现实问题。

在评价体系的构建上，传统教育主要依据考试成绩来衡量学生的学习成果，重点关注学生对知识的掌握程度和记忆能力。这种评价方式相对单一，难以全面、准确地反映学生的综合素质和潜在能力。与之不同，创新创业教育则更加关注学生的创新成果、实践表现和团队协作能力。评价方式呈现出多元化的特点，包括项目报告的质量评估、产品的实际展示效果评价、商业计划书的可行性和创新性评估、团队合作的效率和效果评价等多个维度，能够更加全面、客观、准确地评估学生在创新创业方面的真实能力和发展潜力。

然而，创新创业教育与传统教育并非相互割裂、毫无关联，而是存在着紧密而深刻的内在联系。传统教育为创新创业教育奠定了坚实的基础知识和基本素养的基础。通过传统教育，学生系统地学习了语言、数学、科学等基础学科的知识，这些知识储备为他们在创新创业领域的深入探索和发展提供了不可或缺的支撑。例如，扎实的数学基础为学生进行精确的数据分析和科学的财务规划提供了有力的工具，良好的语言表达能力为学生在项目展示和商务沟通中展现清晰的思路和自信的风采奠定了基础。同时，传统教育培养学生的学习能力、严谨的逻辑思维能力和科学的研究方法，也为他们在创新创业活动中进行深入思考、系统研究和创新实践提供了重要的支持和保障。

创新创业教育实际上是对传统教育的有益补充和深化拓展。它在传承传统教育优势的基础上，进一步强化了学生的实践能力、创新意识和创造精神的培养，使教育体系更加契合时代发展的需求和社会进步的方向。通过创新创业教育，学生得以将所学的理论知识灵活应用于实际情境之中，创造出具有显著社会价值的成果，实现从单纯的知识接受者向积极的价值创造者的华丽转型。

上文从教育理念、教学方法、课程设置和评价体系等方面，论述了创新创业教育与传统教育之间存在着的差异，而最本质的差异在于，前者注重"创"与"新"，后者在于"守"与"循"。这也正是二者的区别与联系。

四、创新创业教育的发展历程

（一）国内外的发展阶段

在国内，创新创业教育一路走来，历经了数个意义非凡且至关重要的发展阶段。

在创新创业教育发展初期，尽管整体尚处于摸索前行的阶段，但部分具有前瞻性的高校已率先行动。这些高校主动承担教育创新使命，谨慎且坚定地开设创新创业相关课程，积极举办各类创业讲座，旨在向学生初步传递创新创业的理念和基本知识。虽然这一时期的尝试规模相对较小，课程体系和讲座内容也不够完善和系统，但却如星星之火，点燃了创新创业教育的希望之光。

随着社会的进步和经济的发展，创新创业教育迈入了蓬勃发展的阶段。在这一阶段，国家充分认识到创新创业对于推动经济增长、促进就业和提升国家竞争力的重要意义，因而出台了一系列高瞻远瞩且鼓舞人心的政策，大力鼓励和支持创新创业活动。这些政策有力地推动了创新创业教育的发展。在此背景下，越来越多的高校积极响应国家号召，纷纷设立了专门的创新创业学院，为学生提供更加系统和专业的教育资源。同时，各类实践基地如雨后春笋般涌现，为学生提供了将理论知识转化为实际行动的宝贵平台，让他们能够在真实的商业和企业环境中锻炼和提升自己的能力。

紧接着，创新创业教育进入了深化发展的阶段。在这一阶段，教育模式不断推陈出新，勇于突破传统的束缚，尤其注重产学研的深度融合，强调高校与企业之间的紧密合作与协同创新。高校不再闭门造车，而是积极主动地与企业建立合作关系，共同开展项目研发、技术创新和人才培养。通过这种方式，学生不仅能够接触到最前沿的行业动态和实际需求，还能够在企业的实践中积累丰富的经验。这种方式有助于培养出具有实际操作能力和解决复杂问题能力的创新创业人才。而这种紧密的合作模式不仅提升了学生的综合素质，还为企业的发展注入了新的活力，实现了高校与企业的双赢。

在国外，特别是在以美国为代表的一些发达国家，创新创业教育的发展已经相对成熟和完善。在早期阶段，许多高校就展现出对培育学生创业精神的高度重视。他们深刻认识到创业精神培育对学生的长远发展具有战略性意义。这不仅有助于学生积累创业实践经验、提升创办企业的能力，更在于通过创业教育的系统化开展，全面塑造学生的创新思维、冒险精神与问题解决能力。这些核心素养的培育，能够帮助学生更好地适应快速变化的社会环境，无论是投身创业实践，还是在其他职业领域发展，都能发挥独特优势，实现个人价值与社会价值的统一。

随着时间的推移，国外的创新创业教育不断演进和丰富，逐渐形成了多样化且独具特色的教育模式。例如，斯坦福大学凭借其得天独厚的地理优势和丰富的产业资源，成功构建了产学研一体化的创新模式。在这种模式下，学校与周边的高科技企业紧密合作，教师和学生能够直接参与企业的研发项目，将学术研究成果迅速转化为实际的产品和服务。同时，企业也为学校提供了大量的资金支持和实践机会，形成了良性循环。麻省理工学院则以其卓越的科研实力和创新氛围，打造了创新实验室模式。在这些实验室中，学生可以自由地开展跨学科的研究和实验，不受传统学科界限的限制，充分发挥自己的想象力和创造力，为解决全球性的重大问题贡献智慧和力量。

（二）重要政策和推动因素

在国内，"大众创业、万众创新"这一具有划时代意义的政策的提出，为创新创业教育营造了前所未有的良好政策环境。此政策以制度化的形式，将国家鼓励创新创业的态度转化为具体的指导方针，为创新创业群体锚定了前行方向与奋斗目标。政府不仅在政策上给予大力支持，还通过加大资金投入，为创新创业项目提供了坚实的物质保障。政府设立了各种专项基金和补贴，鼓励高校和企业开展合作，共同推动创新创业教育的发展。同时，政府还积极搭建平台，促进高校与企业之间的资源共享和信息交流，为双方的合作创造了有利条件。

教育改革的持续推进也成为了高校更加重视创新创业教育的重要推动力。随着社会对于人才需求的变化，传统的教育模式已经难以满足市场对于创新型和实践型人才的迫切需求。教育改革促使高校更新教育理念，优化课程设置，加强师资队伍建设，引入先进的教学方法和手段，将创新创业教育融入人才培养的全过程中，培养学生的创新意识、创业能力和创造精神，提高学生的综合素质和竞争力，以适应社会发展的新形势和新要求。

在国外，经济发展对于创新人才的强烈需求是推动创新创业教育发展的根本动力。随着全球经济的快速发展和竞争的日益激烈，企业需要不断创新和升级产品和服务，以保持市场竞争力。这就迫切需要大量具有创新思维和创业能力的人才，这类人才能够为企业带来新的理念、技术和商业模式。科技进步带来的新机遇也为创新创业教育注入了强大的动力。每一次重大的科技突破，如互联网、人工智能、生物技术等领域的创新成果，都为创业者提供了广阔的发展空间和无限的可能性。社会文化对于创新和冒险的鼓励也在潜移默化中影响着创新创业教育的发展。在一些发达国家，鼓励创新、包容失败的社会文化氛围浓厚，人们对于创业者的冒险精神和创新行为给予高度的尊重和认可，这种文化环境为创新创业教育的蓬勃发展提供了肥沃的土壤。

第一章　思想政治教育与创新创业教育融合的理论基础　21

综合归纳创新创业教育基本要素，如图 1-2 所示。

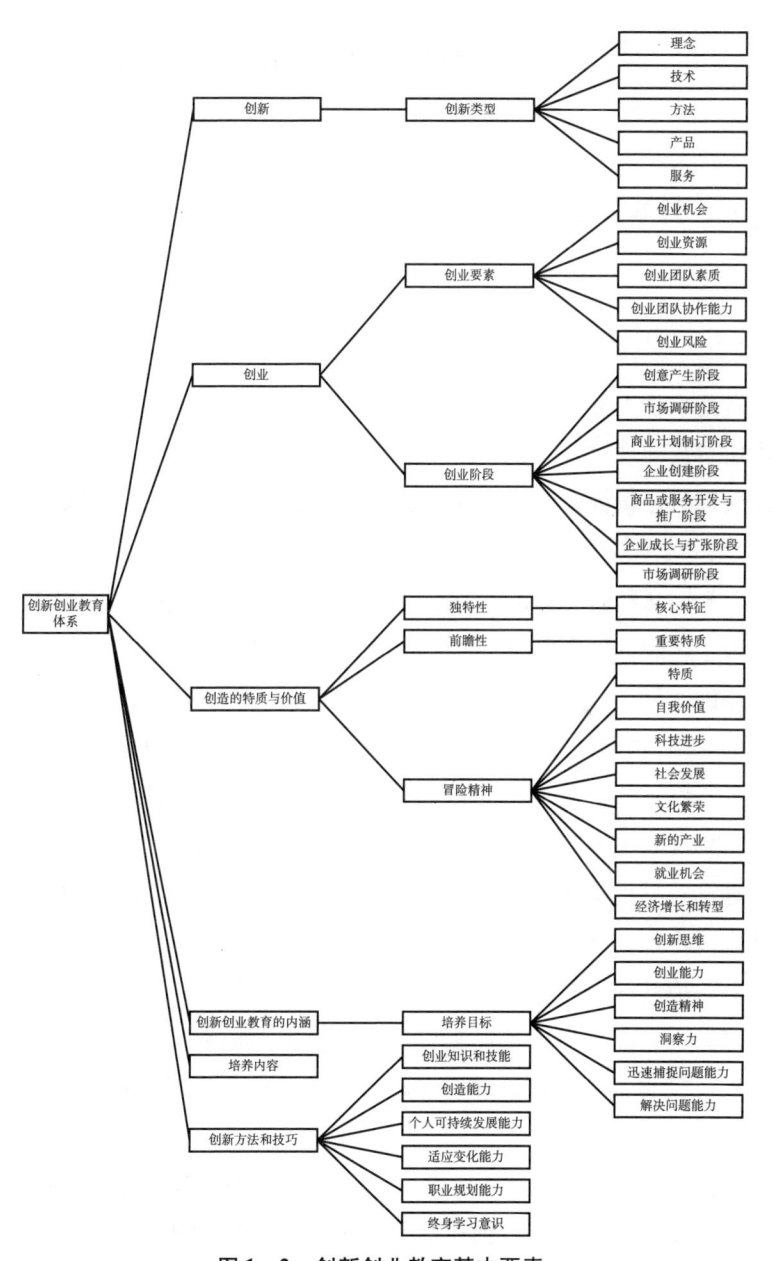

```
创新创业教育体系
├── 创新
│   └── 创新类型
│       ├── 理念
│       ├── 技术
│       ├── 方法
│       ├── 产品
│       └── 服务
├── 创业
│   ├── 创业要素
│   │   ├── 创业机会
│   │   ├── 创业资源
│   │   ├── 创业团队素质
│   │   ├── 创业团队协作能力
│   │   └── 创业风险
│   └── 创业阶段
│       ├── 创意产生阶段
│       ├── 市场调研阶段
│       ├── 商业计划制订阶段
│       ├── 企业创建阶段
│       ├── 商品或服务开发与推广阶段
│       ├── 企业成长与扩张阶段
│       └── 市场调研阶段
├── 创造的特质与价值
│   ├── 独特性 —— 核心特征
│   ├── 前瞻性 —— 重要特质
│   └── 冒险精神
│       ├── 特质
│       ├── 自我价值
│       ├── 科技进步
│       ├── 社会发展
│       ├── 文化繁荣
│       ├── 新的产业
│       ├── 就业机会
│       └── 经济增长和转型
├── 创新创业教育的内涵
│   └── 培养目标
│       ├── 创新思维
│       ├── 创业能力
│       ├── 创造精神
│       ├── 洞察力
│       ├── 迅速捕捉问题能力
│       └── 解决问题能力
├── 培养内容
│   ├── 创业知识和技能
│   ├── 创造能力
│   ├── 个人可持续发展能力
│   ├── 适应变化能力
│   ├── 职业规划能力
│   └── 终身学习意识
└── 创新方法和技巧
```

图 1-2　创新创业教育基本要素

第三节 思创融合的理论依据与必要性

一、哲学基础

（一）辩证唯物主义的观点

辩证唯物主义作为一种科学的世界观和方法论，深刻地揭示了世界的本质、运动规律及人类认识世界和改造世界的基本原理。这一理论对于深入理解创新创业教育与思想政治教育的融合，具有极其重要的指导意义。

首先，从物质与意识的关系层面进行剖析，创新创业活动毫无疑问是扎根于客观物质世界的实践活动。创业者在踏上征程时，必须紧密依据市场的实际需求、当下的技术条件等实实在在的物质因素，精心构思并切实实施他们的创新项目。市场的需求是多元且多变的，技术的发展也是日新月异的，创业者需要敏锐地捕捉这些物质层面的动态信息，以此为基础规划他们的创新路径。与此同时，思想政治教育所传递的价值观、理念等意识层面的丰富内容，能够有效地引导创业者在纷繁复杂的物质实践中坚定地把握正确的前行方向。思想政治教育所倡导的社会主义核心价值观，平等、公正、诚信、友善能够帮助创业者在追求商业成功的道路上，充分发挥主观能动性，积极主动地适应社会发展的潮流和需要，使他们的创新活动不仅具有经济效益，更能产生深远的社会效益。

其次，从矛盾的观点来审视。毋庸置疑，创新创业的过程中充斥着形形色色的矛盾。例如，创新理念与传统观念之间常常存在激烈地碰撞。传统观念可能强调稳定、保守，创新理念则追求突破、变革，这两者之间的冲突需要创业者去妥善处理。再如，资源的有限性与发展的无限需求之间构成了一对突出的矛盾。在创新创业的过程中，资金、人才、技术等资源往往是有限的，而企业发展对于资源的需求却呈现出不断增长的态势。辩证唯物主义明确地告诉我们，矛盾是事物发展的根本动力。只有正确地认识和巧妙地处理这些矛盾，我们才能有力地推动创新创业不断砥砺前行。思想政治教育在这一过程中发挥着举足轻重的作用。它能够帮助创业者树立科学、正确的矛盾观，让他们在直面矛盾时，具备敏锐的分析能力和高效的解决能力，以一种积极、乐观、坚定的态度迎接挑战，化矛盾为机遇，变压力为动力。

在新能源汽车的研发领域，我们可以清晰地看到一系列尖锐的矛盾。一方面，新能源汽车在电池续航能力、充电设施的便捷性与普及性等技术层面，仍面临着诸多亟待攻克的难题；另一方面，社会对于环保、节能的交通方式的渴望与需求日益迫切。在这样的形势下，企业如果能够以辩证唯物主义的思维方式来看待这一矛盾，就会在加强技术研发投入的同时，积极主动地开展广泛的市场推广活动，呼吁并推动相关政策的完善与落实。通过多管齐下的策略，企业才能够逐步打破技术瓶颈，提升消费者的认知度和接受度，从而有效地推动新能源汽车在市场上的广泛普及。

再次，从实践与认识的关系角度来看。实践是认识的源泉，是检验真理的唯一标准。创新创业本身就是一种生动鲜活、充满挑战的实践活动。在这个过程中，创业者通过亲身的实践操作，不断地积累经验，从一次次的尝试与失败中吸取教训，从而形成全新的认识和理念。这些宝贵的实践经验和认识成果，又会反过来指导他们进一步优化创新策略、提升创业效果。与此同时，思想政治教育它同样需要在实践中不断接受检验，不断完善和优化其教育内容和方法。只有紧密结合创新创业的实际需求，思想政治教育才能真正做到有的放矢，更好地服务于创新创业的伟大实践。

（二）人的全面发展理论

人的全面发展理论是马克思主义哲学的一个重要组成部分，它旗帜鲜明地强调人的体力、智力、道德、审美等多个方面应当实现协调、统一、平衡地发展。

创新创业对于推动人的全面发展发挥着不可低估的作用，能够有效地激发人的内在创造力和创新思维。在创新创业的实践中，人们需要不断地突破常规，寻求新的思路和方法，这种思维的锻炼能够极大地提升人的智力水平。同时，创新创业还为人们提供了一个广阔的舞台，让他们有机会锻炼自己的实践能力和解决实际问题的能力。在面对各种复杂多变的市场环境和技术难题时，人们需要迅速做出决策，灵活应对各种突发情况，这无疑是对个人能力的巨大考验和提升。此外，创新创业往往伴随着风险和不确定性，需要人们具备冒险精神和坚韧不拔的品质。在直面这些风险与挑战的过程中，人们在逆境中学会坚守，在挫折中实现奋起，通过持续地自我磨砺，不断锤炼意志，逐步塑造出勇往直前、永不言败的精神品格，从而更好地应对创新创业道路上的种种考验。

思想政治教育在人的全面发展过程中扮演着塑造价值观和道德品质的关键角色，为人们的前行之路指明方向。思想政治教育致力于培养人的社会责任感，让人们深刻认识到自己作为社会成员的责任和义务。人们在追求个人价值的同时，积极关注社会的发展和进步，为社会的繁荣贡献自己的力量。同时，思想政治教育还注重培养团队合作精神，让人们明白在集体中相互协作、相互支持的重要性，学会倾听他人的意见和建议，共同为实现目标而努力奋斗。诚信意识和契约精神也是思想政治教育的重要内容之一，它教导人们在商业活动和人际交往中坚守诚实守信的原则和立约守约履约原则，以真诚和信誉赢得他人的尊重和信任。

一名真正成功的创业者，绝不仅仅是凭借敏锐的商业头脑和卓越的创新能力就能登顶，他还必须拥有诚实守信的经营理念，这是企业立足市场、赢得客户信赖的基石。同时，他要有关爱员工的人文情怀，因为员工是企业最宝贵的财富，只有让员工感受到温暖和尊重，他们才能全身心地投入工作，为企业创造价值。此外，他还应当具备回报社会的责任意识，积极参与公益事业，为社会的和谐发展贡献力量。只有将这些品质融为一体，他的企业才能在激烈的市场竞争中屹立不倒，实现可持续发展，同时他个人也能在这个过程中实现全方位的成长和进步。

创新创业教育与思想政治教育有机融合，能够更加高效地促进人的全面发展。创新创业活动为思想政治教育提供了丰富多样、生动鲜活的实践场景，打破了传统理论说教的局限，使其深度融入现实生活场景。人们在参与项目策划、团队协作、风险应对等具体实践过程中，能够直观感知并深刻领悟思想政治教育的核心内涵与时代价值。思想政治教育则为创新创业注入了强大的精神动力和道德规范，为其保驾护航，确保创新创业始终沿着正确的轨道前进，实现经济效益与社会效益的双丰收。

在一个充满朝气和活力的大学生创业团队中，思想政治教育的有效开展有助于培养团队成员的合作精神和奉献精神。当团队成员们心往一处想，劲往一处使，相互支持，相互配合，团队的凝聚力和战斗力就能显著提高，团队也会更加顺利地实现创业目标。当然，创业过程也同样会充满艰辛和挑战，不可避免地会遭遇各种困难和挫折。这些经历也可以成为思想政治教育的宝贵素材，帮助那些即将创业的团队成员在逆境中坚定信念，树立正确的人生观和价值观，明白成功并非一蹴而就，而是需要不懈地努力和奋斗。

综上所述，从哲学角度可以清晰地看到，创新创业教育与思想政治教育的融合不仅具有坚实的理论支撑，更是实现人的全面发展、推动社会进步的必然要求。

二、教育原理

（一）素质教育的要求

素质教育，作为现代教育理念的核心追求，其核心要义在于全方位、多层次地培养学生的综合素质，涵盖创新能力、实践能力、社会责任感等多个关键维度。

创新创业教育在素质教育的宏大体系中占据着举足轻重的地位。它通过精心搭建实践平台和策划切实可行的项目，为学生营造了一个能够亲身参与、深度体验的教育环境。在这个环境中，学生的创新欲望得以催生、创新思维得以激发、创业能力逐步形成。他们不仅要学会敏锐地发现问题，还需要学会运用所学知识进行深入思考分析，进而制定解决方案。这一过程不仅锻炼了他们解决问题的能力，还显著提高了他们的动手操作能力和应对复杂挑战的能力。学生不再是理论知识的被动接受者，而是积极的探索者和问题的解决者。

思想政治教育在素质教育的版图中同样占据一席之地。它专注于塑造学生的思想品德，提升他们的政治素养，培育他们深厚的社会责任感。通过思想政治教育，学生能够树立正确的世界观、人生观和价值观，明晰人生的方向和目标。同时，思想政治教育还能增强学生的法治观念，使他们深刻理解法律的权威性和重要性，自觉遵守法律法规。此外，思想政治教育在道德意识的培养方面也发挥着重要作用，它有助于引导学生明辨是非善恶，追求高尚的道德境界。

在学校积极开展的创新创业项目中，学生所面临的任务不仅仅是设计出独具匠心的产品、制定行之有效的营销策略，更要严格遵守法律法规，包括国家和行业标准，时刻关注社会的实际需求，展现出高度的社会责任感。在产品设计环节，需要考虑环保、可持续性等社会关切的问题；在制定营销策略时，要遵循公平竞争、诚实守信的原则。只有这样，他们的创新创业实践才能真正符合社会的期待，产生积极的社会影响。

在素质教育的大背景下，创新创业教育与思想政治教育的融合势在必行，兼具现实紧迫性与深远战略意义。这种融合能够有效地避免创新创业教育陷入功利化和片面化的误区，使其更加关注社会效益和人文关怀。单纯追求经济利益的创新创业教育容易导致短视和浮躁，而与思想政治教育的融合能够引导学生从更广阔的社会视角、更深远的发展愿景看待创新和创业。在此过程中学生将更加注重产品和服务的社会价值，关心环境、社会公平等问题。同时，这种融合也极大地丰富了思想政治教育的内容和形式，使其更加紧密地贴近学生的实际生活和未来发展的需求。思想政治教育不再局限于理论说教，而是让学生在具体的创新创业实践的亲身经历中领悟道德和责任的真谛。

通过组织开展与社会公益密切相关的创新创业项目，学生在实践过程中不仅能够培养和锻炼创新思维与创业能力，还能够深刻地感受到关爱他人、服务社会所带来的成就感和满足感，从而进一步增强他们的社会责任感和奉献精神。这种融合教育模式让学生明白，创新和创业不仅仅是为了个人的成功和财富的积累，更是为了社会的进步和人民的福祉。

（二）终身教育理念

终身教育理念主张，教育应是伴随人一生的持续不断的过程，不受时间和空间的严格束缚。

创新创业能力在个人的终身发展历程中具有举足轻重的意义。在当今这个科技日新月异、社会瞬息万变的时代，职业环境始终处于动态的变化之中。新时代的职业从业者具备强大的创新创业能力，能够成为其在职业生涯中应对层出不穷的新挑战、敏锐捕捉稍纵即逝的新机会的有力武器，从而帮助其实现自我的不断更新和持续提升。这种能力使个人能够在不同的职业阶段和工作环境中灵活适应变化，敢于突破传统的思维和工作模式，积极寻求创新的解决方案，从而为自己的职业发展开辟新的道路。

思想政治教育为个人的终身成长提供了不可或缺的价值引领和坚实的精神支持。它所培育的良好品德和正确的价值观，能够伴随人的一生，使其在面对各种纷繁复杂的诱惑和艰难险阻时，坚守内心的坚定信念，遵循正确的行为准则。思想政治教育所倡导的诚信、友善、公正等价值观，是个人在社会交往和职业发展中的行为指南，让他们在任何情况下都能够保持清醒的头脑和高尚的品德。

职业生涯中多次成功转型的专业人士的背后离不开创新创业能力的支撑。面对不同行业的特点和需求，这类人能够凭借敏锐的市场洞察力和创新的思维方式，迅速适应新的工作环境，掌握新的技能和知识。与此同时，思想政治教育所培养的诚信、坚韧等品质，会在他们遭遇困难时发挥关键作用。诚信会帮助他在商业交往中赢得合作伙伴的信任和支持，坚韧会助力他在面对挫折时不屈不挠，始终保持积极进取的态度，不断探索前进的道路。

创新创业教育与思想政治教育的融合为终身教育赋予了更为丰富和深刻的内涵。创新创业教育与思想政治教育的有机融合，使得个人在持续学习和不断创新的漫漫征途中，始终能够坚守正确的价值取向，将个人的发展与社会的进步紧密相连。这种融合让个人明白，创新和创业不仅仅是为了实现个人的物质追求，更是为了推动社会的发展和进步。

通过便捷高效的在线学习平台，个人可以随时随地获取关于创新创业和思想政治方面的丰富知识和生动案例。他们可以学习到最新的创新理念和创业方法，也能够汲取思想政治教育中的智慧和力量，不断提升自己的综合素质。通过这些平台，个人实现了终身学习和持续发展，不断完善自我，适应社会的变化，为实现个人价值和社会价值的最大化而不懈努力。

从哲学基础和教育原理的多维角度深入剖析，我们能够清晰地认识到，创新创业教育与思想政治教育的融合不仅拥有坚实稳固的理论依据,更具有重要的现实意义。这种融合对于促进人的全面发展、推动社会的稳步发展,发挥着积极作用,同时这种融合也为构建一个更加创新、和谐、美好的未来奠定坚实的基础。

三、时代需求

(一)经济社会发展对创新人才的需求

在当今这个日新月异、充满变革的时代,经济社会的发展呈现出一系列引人瞩目的鲜明特点。数字化技术以前所未有的速度和广度渗透到社会的各个角落,其广泛应用正在深刻且全面地重塑着各个产业的运行模式及人们日常生活的方方面面。从生产制造到消费服务,从教育医疗到娱乐休闲,数字化的浪潮无所不在。

产业升级已成为推动经济持续增长的关键动力源泉。传统产业在科技的驱动下,不断朝着智能化、高端化的方向坚定迈进。曾经以劳动密集型和资源依赖型为主要特征的传统制造业,如今正借助工业互联网、智能制造等先进技术,实现生产流程的自动化、智能化改造与再造,大大提高了生产效率和产品品质。而新兴产业如人工智能、大数据、生物技术等,则蓬勃兴起,展现出巨大的发展潜力和创新活力。

与此同时,绿色发展理念逐渐深入人心,成为全社会的共识。可持续发展不再仅仅是一句口号,而是经济社会发展的重要追求和实际行动指南。人们越来越注重资源的合理利用、环境的保护及生态系统的平衡,这种理念层面的转变切实推动着经济发展模式从高能耗、高污染模式向低碳、环保、循环利用新型模式转变。

这些显著的发展趋势对创新人才提出了极为迫切的需求。首先,创新欲望和创新思维成为一种必备的核心品质。在瞬息万变、竞争激烈的市场环境中,那些能够果敢地突破传统思维的固有框架和束缚,以别具一格、独树一帜的视角去审视问题,并能够迅速、高效地探寻解决方案的人才，无疑备受各界的青睐和追捧。他们能够精准地捕捉到市场中那些潜藏的、尚未被充分满足的需求和稍纵即逝的宝贵机会，并以惊人的速度将其转化为具有创新性的产品或服务，从而引领市场潮流，创造新的消费需求。

其次，跨学科知识的广泛掌握变得至关重要。当今社会所面临的诸多复杂问题，已不再是单一学科知识所能应对和解决的。例如，在应对日益严峻的环境问题时，仅仅依靠化学、物理学、生态学或工程学中的某一学科知识是远远不够的。我们需要融合化学学科中关于污染物的成分分析和转化与迁移原理、物理学中能量传递和转化的规律、生态学中生态系统的结构和功能关系，以及工程学中污染治理的技术和设备设计等多学科的知识，才能制定出全面、有效的环境治理方案。

再次，解决复杂问题的卓越能力已成为不可或缺的关键要素。经济社会发展过程中所涌现出的问题往往具有多维度、多层次和多元化的特点，涉及政治、经济、文化、科技等多个领域。这就迫切需要人才具备系统分析问题的能力，能够从宏观的角度把握问题的全貌和内在联系；具备综合判断的智慧，能够权衡各种因素的利弊得失，做出明智的决策；同时还具备高效执行的能力，能够将解决方案迅速、有力地付诸实践，取得切实的成效。

在新兴产业中，创新人才的关键作用尤为凸显。以方兴未艾的人工智能产业为例，那些富有创新精神和专业素养的研发人员，凭借其深厚的技术功底和敏锐的市场洞察力，不断推动算法的优化和创新。他们积极拓展人工智能的应用场景，使其在医疗领域能够辅助医生进行疾病诊断、制定个性化的治疗方案，提高诊断的准确性和治疗的效果；在交通领域实现智能交通管理，优化交通流量，减少拥堵，提高出行的安全性和便捷性；在金融领域进行风险评估、投资决策，提升金融服务的效率和精准度，为行业的发展带来了革命性的变化。

在传统产业的转型升级过程中，创新人才同样发挥着不可替代的重要作用。以制造业为例，通过引入具有创新理念和实践经验的人才，企业能够对生产流程进行智能化改造。他们运用先进的传感器技术和数据分析方法，实现生产设备的实时监测和故障预警，大大降低了设备的故障率和维修成本；通过引入自动化生产线和机器人技术，企业提高了生产效率，减少了人工操作带来的误差，提升了产品的一致性和质量稳定性；利用数字化设计和模拟技术，企业缩短了产品的研发周期，加快了新产品的上市速度，增强了自身在市场中的竞争力。

（二）应对国际竞争的需要

当前，国际竞争的局势愈发波谲云诡、严峻复杂。

在科技领域，一场没有硝烟的战争正在悄然打响。各国纷纷不遗余力地投入大量的人力、物力和财力，进行前沿技术的研发和探索。诸如量子计算、基因编辑、太空探索等尖端科技领域，已成为各国竞相角逐的战略高地。谁能够在这些关键技术上率先取得突破性进展，谁就能够在未来的全球科技版图中占据主导地位，掌握发展的主动权。

在经济竞争方面，国际贸易争端此起彼伏，硝烟弥漫。全球产业链在各种因素的冲击下，面临着前所未有的重新布局和调整。各国为了在激烈的市场竞争中脱颖而出，纷纷着力提升自身产业的竞争力，争夺有限的市场份额。从传统的制造业到新兴的服务业，从商品贸易到技术贸易，竞争的战火无处不在。

文化竞争也呈现出日益白热化的态势。各国通过精心打造具有本国特色的文化产品，如电影、音乐、文学作品等，积极传播和输出自身的价值观和文化理念，试图在全球范围内增强自身的文化影响力和吸引力。文化软实力已成为国际竞争中一个不容忽视的重要维度。

创新在国际竞争中占据着较为关键的地位。创新人才能够通过持续探索与突破，为国家源源不断地、构建独具特色的商业模式、打造富有魅力的文化产品，驱动国家在经济、科技与文化领域的全面发展。他们能够凭借创新能力推动国家的科技水平实现跨越式发展，引领产业的转型升级，塑造国家在全球经济体系中的独特优势；在商业领域探索全新模式，打造具有国际竞争力的企业和品牌，提升国家在全球商业领域的话语权；在文化领域以创新表达展现国家的文化魅力和精神内涵，增强国家的文化认同感和吸引力。创新人才通过科技、商业、文化等多维度的创新实践，全方位提升国家的综合实力和国际地位。

在国际竞争的大舞台上，我国既面临着一系列严峻的挑战，又迎来了众多难得的机遇。在挑战方面，我国在一些关键核心技术领域仍受制于人，如高端芯片制造、航空发动机等，这在一定程度上制约了我国产业的升级和发展。同时，高端创新人才的相对短缺，也使得我国在前沿科技研发和创新驱动发展方面面临着较大的压力。

然而，我们也拥有巨大的发展机遇。我国拥有庞大的国内市场规模，这为新技术、新产品的应用和推广提供了广阔的空间。新兴产业如新能源汽车、5G通信、电子商务等发展迅速，为我国在相关领域实现弯道超车提供了可能。此外，我国在一些领域已经取得了一定的技术优势和创新成果，如高铁技术、移动支付等，为进一步拓展国际市场和提升国际影响力奠定了基础。

在这样的背景下，培养大量具备创新能力的高素质人才，对于我国有效应对外部挑战、牢牢抓住发展机遇，具有至关重要的战略意义。只有拥有一支强大的创新人才队伍，我们才能在国际竞争的激流中勇立潮头，实现从科技追随者向引领者的华丽转身，从制造业大国向制造业强国的跨越发展，从文化资源大国向文化强国的伟大崛起。

四、个人发展要求

（一）提升综合素养

综合素养是一个多维度、多层次的概念，它涵盖众多至关重要的方面。丰富的知识水平不仅意味着对某一专业领域的深入理解和精通，还包括对跨学科知识的广泛涉猎和融合运用。熟练的技能掌握涵盖从实际操作技能，如手工制作、软件操作，到抽象的思维技能，如逻辑推理、批判性思考等。良好的心理素质体现在面对压力时的从容不迫、遭遇挫折时的坚韧不拔，以及应对变化时的灵活适应。高尚的道德品质则包含诚实守信、正直善良、尊重他人、社会责任感等一系列优秀的品德特质。

创新创业活动无疑为个人在多个层面提升综合素养提供了强有力的契机和广阔的发展空间。在具体的实践过程中，个人置身于不断变化和充满挑战的环境中，必然需要持续不断地学习全新的知识和技能。这一过程不仅仅是知识的简单积累，更是知识体系的拓展和深化，它不仅极大地拓宽了个人的知识视野，使其能够跳出固有思维的局限，以更加全面、宏观的视角看待问题，还显著地提高了个人的技能水平，使其能够熟练运用各种工具和方法解决实际问题。当一个人决定开展一个创新的互联网项目时，为了实现项目的目标，他可能需要学习最新的编程语言，如 Python 或 Java 等，掌握数据挖掘和分析的技术，还要深入了解市场调研的方法，包括问卷调查的设计、数据分析的技巧及用户需求的洞察。

与此同时，创新创业活动离不开团队的协作与合作。在团队环境中，个人需要与来自不同背景、拥有不同专长的成员密切配合，朝着共同的目标迈进。这一过程对于培养个人的团队协作和沟通能力具有不可替代的作用。通过与团队成员的交流互动，个人能够学会倾听他人的意见和建议，尊重并理解不同的观点和想法。个人也能够更加清晰地认识到自己的优势和不足，从而在团队中充分发挥自身的长处，与他人形成互补，共同攻克难题。在一个研发新型医疗器械的创业团队中[1]，工程师负责产品的技术研发，市场营销人员负责市场调研和推广策略的制

---

[1] 山东省高端医疗器械创新创业共同体专解"卡脖子"难题 [EB/OL]. 威海市人民政府网. （2021－11－11）［2025－05－20］. https：//www.weihai.gov.cn/art/2021/11/11/art_79837_2729332.html.

定,管理人员则负责协调各方资源和保障项目的顺利推进。在这个过程中,每个成员都需要与他人密切沟通、协作,共同解决诸如技术瓶颈、市场定位、资金筹集等一系列复杂的问题。

创新创业的道路绝非一帆风顺,充满了各种困难和挫折。面对项目推进过程中的种种挑战和不确定性,个人需要具备强大的心理素质来应对。这些挫折和困难成为锻炼个人心理素质的绝佳机会,使其能够在逆境中保持积极乐观的心态,增强抗压能力和挫折应对能力。当一个创新产品在市场推广初期遭遇消费者的冷遇和质疑时,个人需要冷静分析原因,调整策略,坚持不懈地改进产品和服务,而不是轻易放弃。

具有较高综合素养的个人在职业发展和社会生活中展现出显著的优势。在职业发展的道路上,他们能够迅速适应各种不同的工作环境和复杂多变的任务要求。无论是面对新技术的应用、新业务的拓展,还是跨部门、跨领域的合作,他们都能够凭借丰富的知识储备、熟练的技能运用、良好的团队协作能力和强大的心理素质,游刃有余地应对各种挑战。这种快速适应能力使他们更容易获得晋升和发展的机会,成为组织中的核心骨干和领军人物。在社会生活中,他们能够以更加包容、理解和积极的态度与他人相处,善于倾听不同的声音,尊重他人的观点,从而有效地处理人际关系。他们的社会责任感促使他们积极参与公益活动,关心社会问题,为社会的和谐发展贡献自己的力量。在社区服务中,他们能够组织并参与志愿活动,为弱势群体提供帮助;在公共事务讨论中,他们能够提出建设性的意见和建议,推动社会的进步和发展。

(二)实现自我价值

自我价值本质上是个人通过不懈努力与积极贡献,达成理想目标并收获内心满足、成就与自豪感的过程。创新创业为个体提供了广阔的实践空间,使其能够将个人兴趣专长与社会需求深度融合,通过创造产品或服务实现社会价值的同时达成个人理想。

在创新创业实践中,个人能够突破传统路径限制,在解决社会痛点的过程中实现自我价值。特斯拉创始人埃隆·马斯克致力于可持续能源与交通变革，通过研发高性能电动汽车打破行业技术壁垒，推动全球汽车产业向新能源方向转型①。创新不仅改变了人们的出行方式，大幅降低碳排放，也使马斯克成为新能源领域的领军人物，实现了商业价值与社会价值的双重突破。

从服务创新维度看，张一鸣创立的字节跳动通过算法推荐技术重构信息传播模式，开发出抖音、今日头条等产品。这些平台以个性化内容服务满足用户需求，推动数字媒体行业革新，同时也为全球数亿用户创造了表达自我、获取信息的新渠道②。张一鸣通过技术与商业模式的创新，不仅实现了企业成长，更在数字时代重塑了信息交互生态。

技术创新领域，大疆科技创始人汪滔将对航模的热爱转化为技术突破，带领团队研发出全球领先的民用无人机产品。大疆无人机广泛应用于测绘、农业、救援等领域，解决了传统作业效率低、风险高的难题③。这一技术创新不仅推动行业发展，也使汪滔及其团队在全球无人机市场占据主导地位，实现个人技术理想与产业价值的统一。

这些真实案例印证了创新创业在实现个人价值中的关键作用。创业者们通过突破技术、模式与思维的边界，在创造社会价值的过程中找到自身定位，同时激励更多人投身创新实践，为社会进步注入持续动力。

第四节　高等教育格局与思创要素的融合

在新时代，中国正稳步迈向建成富强民主文明和谐美丽的社会主义

---

① 埃隆·马斯克助力特斯拉：从困境到全球电动汽车第一的传奇之旅 [EB/OL]. 汽车之家,（2024-10-17）[2025-05-08]. https://chejiahao.autohome.com.cn/info/17462190?from=m.
② 张一鸣：用"算法"缔造字节帝国 [EB/OL]. 蓝鲸财经,（2024-01-19）[2025-05-08]. https://baijiahao.baidu.com/s?id=1788501564136809937&wfr=spider&for=pc.
③ 民用无人机领军者汪滔：不忘初心　飞得更高 [EB/OL]. 环球网,（2015-05-25）[2025-05-08]. https://finance.huanqiu.com/article/9CaKrnJLmJy.

现代化强国的目标。人才培养作为我国高等教育的核心使命，亦是新时代发展的关键任务之一。在此背景下，推动思创要素深度融合，构建特色鲜明的高等教育格局，树立契合时代需求的人才培养理念，已成为高等教育改革发展的必然选择和关键路径。

一、中国特色高等教育格局

高等教育作为推动国家发展的重要力量，需积极构建并完善具有中国特色的教育格局，增强自身在人才培养、知识创新等方面的主导性、引领性和创新性。

格局，体现为一个人的品行与胸怀气度，反映其认知、眼界、胸襟、胆识等内在要素。对于高等教育而言，塑造大格局，意味着具备独特气质、高远境界与卓越智慧。高等教育格局的构建，应融合德、品、度、界、识、质、智、实、容、谦十大要素。

（1）德：兼具品格性与能量性，指引着教育前行的方向，蕴含修身齐家治国平天下的高尚品德。

（2）品：追求格调清新，秉持守正创新精神，以公心为衡量标准。

（3）度：遵循法度准则，在教育实践中展现处事的气度与高度。

（4）界：追求纯粹境界，拓展师生眼界，开阔教育胸襟。

（5）识：注重知识的积累与探索，培养对事务和问题的深刻见解。

（6）质：涵盖思想、文化、身心素质以及正确"三观"的塑造，提升质疑与思考能力。

（7）智：运用智慧与策略，推动教育教学方法的创新与优化。

（8）实：倡导做人诚实、意志坚定、处事务实的教育风尚。

（9）容：培养包容心态，注重仪容仪表与行为礼仪教育。

（10）谦：秉持谦虚态度，在教育过程中保持恭敬、谨慎。

二、人才培养理念与高等教育格局的融合

在中国特色社会主义现代化强国建设道路上,高等教育展现出高层次、高素养、融合型、创新型、贯通式、多能化的独特风采与格局。人才培养理念与高等教育格局的深度融合,将为高等教育发展持续注入动力、优化轨道、明确方向,确保其行稳致远。

(一)融合的关键要点

核心地位的凸显:"培养什么人、怎样培养人、为谁培养人"这三个根本问题[1],是高等教育人才培养理念的核心支柱,也是衡量高等教育成败、优劣、兴衰的关键准则。高等教育应坚守这一理念,精心塑造教育格局与人才培养模式。

格局境界的拓展:高等教育格局包含内涵与外延两个层面。一方面,内涵层面体现为德、品、度、界、识、质、智、实、容、谦十大要素;另一方面,外延层面则围绕人才培养理念,将这些内涵要素一方面传递给学生,通过产教融合等方式辐射到社会、行业、企业,强化人才培养理念的社会影响力,从根本上解决人才培养的核心问题。

融合机制的构建:人才培养理念处于统领地位,高等教育格局为基础支撑。二者通过"培养什么人"与德—品—智—实、"怎样培养人"与度—界—识—质—容—谦、"为谁培养人"与党(中国共产党)—国(中国)—民(中国人民)的有机耦合实现深度融合。

(二)融合的具体呈现

1. 培养目标维度——高层次育人格局

高等教育全面贯彻党的教育方针,将立德树人作为根本任务贯穿人

---

[1] 赵长禄. 坚持系统观念 突出内涵质量 为强国建设培养一流人才[N]. 光明日报,2024-05-14(15).

才培养全过程，以高尚师德引领学生塑造良好品德，致力于办好人民满意的教育。

（1）着力培养德智体美劳全面发展的社会主义建设者和接班人。

（2）注重塑造具有正确的世界观、人生观和价值观的劳模及具备大格局的劳动者。

（3）大力培育创新应用型人才，以及掌握专业知识技能的社会主义劳动者和建设者。

（4）为产业发展提供高素质的技术技能人才，如研发工程师、现场工程师、助理工程师等技术型、创新型高层次、高素养应用型人才。

（5）面向生产、建设、管理和服务一线，培养专注于职业化专用技术研究、经验积累与传承、解决某项技术在具体职业领域应用的"能工巧匠"和"大国工匠"。

2. 培养方式维度——多维度育人格局

高等教育在中国式现代化教育方针指引下，以融合现代技术的宽广思路，从多维度赋能人才培养。它通过深化科教融汇，推动教育与产业需求、科研实践、数字技术的深度融合，切实履行中国式现代化教育的育人使命。在推进思想政治教育与创新创业教育的实践中，高等教育坚持贯彻提质培优、增值赋能、以质图强的发展理念，持续提升育人质量与服务社会能力。

（1）培养学生具备跨越时空的发展观大局观。使其清醒认识我国创新创业现状、问题、差距以及发展方向，掌握创新技术与解决方法。

（2）培养德技兼修的高素质技能人才。这类人才既具备深厚扎实的理论知识，又能够满足先进产业链和高端岗位群带来的复合型技术技能需求；既能立足岗位实际，又能够面向产业高端进行技术技能创新，推动行业企业技术进步与人才链优化。

（3）加强创新型教师队伍建设。打造一支品德好、素质优、理论深、技术强、技能高、数量足的创新型教师队伍，为人才培养目标的实现和培养模式落地提供坚实保障。

（4）推动融合与创新协同发展。创新创业教育规划紧密对接新产业、新业态、新技术、新模式的需要，科学合理地设置专业结构；优化专业布局；建立动态调整、自我完善的专业群建设发展机制，促进教育链、人才链与产业链、创新链的融合衔接，加快培育新动能专业，构建结构优化、特色鲜明的专业体系，推动专业建设向"高端化、融合化、集群化"转型升级。

（5）赋能产教深度融合。产教融合是创新创业教育的核心。高校以服务国家战略和产业发展需求为导向，将高校专业嵌入产业链条，通过系统规划专业布局与产业需求的适配路径，推动产业链与专业链深度融合。在此过程中，高校强化工学结合、知行合一的育人理念，构建校企深度合作模式，从课程体系设计、实践平台搭建到师资队伍共建等多维度，形成人才培养与产业转型升级需求对接的有效机制。同时，高校积极鼓励企业参与到人才培育全过程，以技术研发、项目攻关为纽带，与企业共同制定培养方案、开发课程资源、建设实训基地，使人才培养更具针对性、实用性。

3. 培养服务维度——全视角育人格局

（1）服务国家战略需求。教育系统要深刻认识高校在科技、人才、创新融合中的作用，切实增强使命感、责任感，深刻认识高校作为科技第一生产力、人才第一资源、创新第一动力重要结合点的独特作用，努力开辟发展新领域、新赛道，主动塑造发展新动能、新优势，努力成为立足新发展阶段、贯彻新发展理念、构建新发展格局、推动高质量发展的先导力量，坚持为党育人、为国育才，把战略人才力量建设作为重中之重。

（2）着眼当下与未来发展。高等教育需定位于服务产业与产业链发展，紧盯高端产业领域，锚定产业高端环节，全力服务新兴产业布局，立足未来发展需求培育创新人才。面对已全面来临且呈爆炸辐射式进化的数智化（数字化＋智能化）时代，高等教育需积极作为。数智化推动人类社会迈入新时代，引发了价值创造与获取方式的变革，以适配现代海量、碎片化、实时性、多场景的客户需求，催生出"人机物"三元融合的全新生产方式与产业组织模式。在此背景下，高等教育深刻认识到数智化不仅是认知与思维的革新，更是推动新一轮人才机制创新、提升人才培养效能的关键契机，主动将数智化理念深度融入教育教学全流程，重塑人才培养体系，为产业升级与社会发展提供有力支撑。

（3）助力地方区域发展。影响地方和区域经济发展的因素多元且复杂，主要涵盖五大核心维度：一是区域战略与区域政策；二是人口结构、资源禀赋及生态环境状况；三是发展基础与产业结构水平；四是区域市场化程度与制度创新能力；五是信息化水平与科技创新能力。高等教育凭借产教融合、技术更新、科技创新、信息资源整合及文化传播等优势，针对地方和区域经济发展中的优势领域、特色产业、重点任务以及面临的难点与痛点问题，通过分层次、分类别地系统分析，精准确定发展重点与方向。在此基础上，高等教育围绕地方经济需求，科学布局重点特色专业、专业群和学科体系，优化人才培养模式，同时深化技术服务，以教育资源与创新能力推动区域经济高质量发展。

（4）兼顾学术与应用。职普融通是教育链和人才链的融合，产教融合是教育链与产业链的融合，科教融汇是教育链与创新链的融合。

（5）兼顾学术与应用。学术性聚焦于知识理论的系统学习与应用，同时注重培育学习者良好的创新能力和职业素养。应用性是创新创业教育人才培养的本质特征，教育的根本目的是让学生能够在实践中运用所学知识理论和技术技能发现问题、分析问题、解决问题，并根据实践情况进行相应的创新。适应性体现为创新创业教育与社会经济发展相适应，知识理论与技术技能相适应，知识理论学习与"一专多能"、技术技能"一精多会"相适应。

（6）为"技能强国"的技能型社会培养人。产业结构转型升级、新兴产业和新业态的出现，需要高技能人才、能工巧匠和大国工匠，需要加强技能型社会建设。

三、思创要素融合的框架

思想政治教育与创新创业教育在高等教育体系中相辅相成、深度融合。思想政治教育聚焦解决教育的根本性问题,首要明确"为谁培养人"的政治方向,从国家战略和民族复兴高度,确立人才培养的价值坐标;同时协同推进"培养什么人、怎样培养人"的育人实践,将社会主义核心价值观融入教育全过程,塑造学生的理想信念与家国情怀。创新创业教育则着重围绕"培养什么人、怎样培养人"展开探索,通过强化实践教学、深化产教融合、构建创新生态,着力培育学生的创新精神、创业意识和实践能力。二者相辅相成,共同构建起完整的育人体系,确保高等教育落实立德树人根本任务,为国家和社会培育德才兼备的高素质人才如图1-3所示。

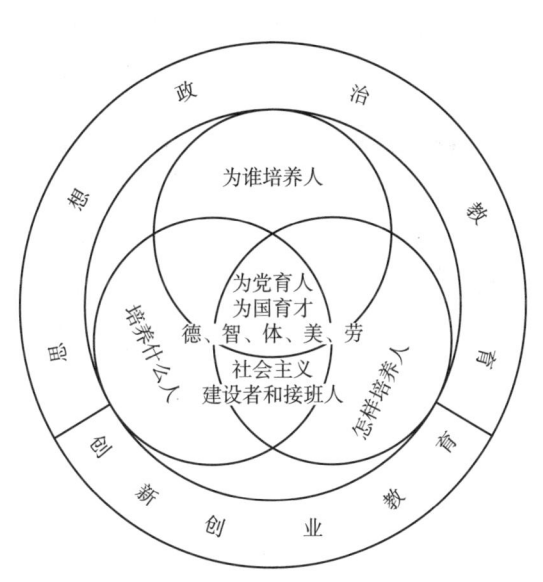

图1-3 思创要素融合回答"培养人问题"

结合图1-1和图1-2,构建思想政治教育与创新创业教育二者要素融合框架(见表1-1)。

表 1-1　　　　　　　　思创要素融合框架

思想政治要素	创新创业教育要素
政治教育	在创新创业课程中融入国家发展战略、政策导向内容，引导学生关注国家需求，以政治敏锐性把握行业趋势；组织学生参与和创新创业相关的政治主题活动，增强学生的政治使命感
道德教育	在创业项目实践中，制定道德规范准则，如诚信经营、公平竞争等，并将其纳入项目评价体系；通过案例分析，引导学生讨论创业中的道德困境，培养道德判断能力
理论基础	运用马克思主义哲学的辩证思维、发展观点等理论，帮助学生分析创新创业中的机遇与挑战；以中国特色社会主义理论体系为指导，引导学生理解社会发展规律，明确创新创业的社会价值
社会主义核心价值观	在创业项目选择和运营中，鼓励学生以富强、民主、文明、和谐为目标，开发对社会有益的产品或服务；在企业文化塑造环节，融入自由、平等、公正、法治、爱国、敬业、诚信、友善的价值观
教育实施	构建思想政治教育与创新创业教育协同的课程体系，在专业课程中渗透思政元素和创新创业内容；建立跨部门合作机制，整合思政教师、专业教师和企业导师资源，共同指导学生创新创业实践
教学方法	采用案例教学法，选取具有思政意义的创新创业成功和失败案例进行剖析；运用项目驱动教学法，让学生在完成项目过程中，实现思政素养与创新创业能力的同步提升
教学手段	利用多媒体教学手段，展示创新创业领域的先进事迹和思想政治教育素材，激发学生的创业热情和社会责任感；借助线上教学平台，开展思想政治教育与创新创业教育融合的讨论、交流活动，拓宽学生的学习渠道

第二章

思想政治教育对大学生创新创业的价值引领

思想政治教育在培养大学生的创新品质和创业道德方面发挥着不可替代的作用。思想政治教育通过塑造积极创新心态、培养坚韧创新意志、引导创业道德、助力创造精神,为大学生创新创业之路提供价值引领。

第一节 思想政治教育培养大学生的创新品质

一、塑造积极的创新心态

(一)克服思维定式

思维定式潜植于人们的认知体系之中,极大地限制了人们思考的广度和深度。其形成原因错综复杂,一方面,浓厚的传统观念氛围长期浸润着人们,使其思维在潜移默化中受到既定规则和模式的约束。某些传统教育理念过分强调知识的单向传授和死记硬背,从而抑制了学生自主思考和创新思维的发展。另一方面，习惯的行为模式易使人日复一日地遵循固有路径，对新的可能性和变化视而不见、见而不思。再者，过往经验虽在一定程度上为人们处理日常事务提供了参考框架，但过度依赖却容易导致思维的僵化和对新情况的误判。

思想政治教育在帮助大学生打破思维定式的枷锁方面具有不可替代的作用。一方面，它可以通过引导大学生开展深刻的自我反思，促使其审慎审视自身思考方式，敏锐洞察潜藏其中的固有模式与偏见；另一方面，在教育实践中它可以引入丰富生动、具体翔实的案例分析，帮助学生深化直观认知与理解，从而有效打破思维局限。比如，在智能手机市场竞争激烈的当下，部分老牌手机厂商因过度拘泥于以往成功的设计和营销策略，未能及时洞察消费者对于创新功能和个性化体验的需求变化，导致市场份额逐渐被新兴品牌蚕食；而另一些具有创新意识的企业，敢于突破传统，大胆引入全新的设计理念，如折叠屏技术、屏下摄像头等，迅速赢得了消费者的青睐和市场的认可。通过此类案例的深入剖析，大学生能够直观认知思维定式在实际情境中的危害，从而产生突破思维局限的内在驱动力，主动培养灵活创新的思维方式。

（二）培养冒险精神

冒险精神在创新的漫漫征途中具有无可比拟的重要性。它意味着勇敢地跨越舒适区的边界，毅然投身于未知的领域，大胆尝试前所未有的方法和观念。具备冒险精神的大学生，能够以无畏的勇气迎接新事物所蕴含的不确定性和潜在风险，因为他们深知，唯有敢于迈出这勇敢的一步，才有可能在未知的领域中挖掘出珍贵的机遇，实现突破性的进展。

然而，冒险并非盲目冲动的鲁莽之举。思想政治教育在此发挥着至关重要的引导作用。它致力于帮助大学生树立对风险的客观、全面的认知，让他们清晰地认识到风险并非纯粹的负面因素，而是与机遇和成长紧密交织。思想政治教育强调，在冒险的旅程中，必须保持冷静的头脑和理性的判断，充分评估潜在的风险与可能的收益，精心制定周全且合理的应对策略。某大学生创业者在选择进军新兴的虚拟现实教育领域时，遭遇技术尚未成熟、市场需求模糊等重重风险。他并未退缩，而是通过深度开展市场调研，挖掘潜在需求，同时进行严谨的风险评估，预判发展阻碍；在此基础上，合理调配资金、人力等资源，并结合行业特性与自身优势，制定出切实可行的商业计划。最终，这位大学生创业者凭借对市场趋势的精准把握和高效的资源整合能力，在激烈的市场竞争中成功突围，收获成绩①。通过此类真实而具体的案例，思想政治教育能够有效地培养大学生在面对风险时权衡利弊、审慎抉择的能力，同时赋予他们在遭遇挫折时坚定信念、勇往直前的勇气。

二、培养坚韧的创新意志

（一）面对挫折的坚持

在大学生追逐创新梦想的道路上，挫折是频繁出现的阻碍因素，制约他们的发展进程。项目推进过程中，技术难题可能会让研究陷入僵局；他人的质疑和否定之声也会让创新者的信心遭受打击；资金的短缺、资源的匮乏等现实困境可能束缚住前进的脚步。这些挫折不仅是对大学生专业知识和技能的严峻考验，更是对他们心理承受能力和意志品质的深度锤炼。

在大学生遭遇创新实践挫折的困难时刻，思想政治教育可以充分发挥价值引领作用，帮助他们认清形势、坚定信念，为迷茫中的大学生指明前进方向，助力其跨越困境、继续前行。教育工作者通过讲述众多成功创新者在面对挫折时百折不挠的感人故事，激发大学生内心深处潜藏

---

① "左手科研"上顶会，"右手创业"赚自由！这名大四男生怎么做到的？［EB/OL］.钱江晚报，（2025 - 03 - 13）［2025 - 05 - 20］. https：//baijiahao. baidu. com/s？id = 1826448606472917608&wfr = spider&for = pc.

的坚韧力量。

一位大学生创业者致力于开发一款基于人工智能的个性化学习辅助软件，然而在研发过程中，遭遇了技术瓶颈，算法的优化进展缓慢，导致项目进度严重滞后。同时，团队成员因压力过大而纷纷产生动摇，外界也对该项目的可行性提出了诸多质疑。但在"矛与盾、利与弊、进与退、攻与守"的思想政治教育的鼓舞下，这位创业者始终坚守初心，坚信自己的创新理念能够为教育领域带来变革。他不断查阅大量的学术文献，积极寻求专家的指导，对算法进行了一次又一次的改进和优化，最终他成功突破了技术难关，推出了深受用户喜爱的产品，在教育科技市场占据了一席之地。思想政治教育可以引导大学生正确认识挫折，将创新实践中遭遇的困境转化为自我提升的契机。通过反思总结，大学生从挫折中汲取经验教训，磨砺坚韧意志，优化行动策略，以更加坚定的信念重新投入创新实践，实现能力的进阶与成长。

（二）长期投入的毅力

创新，绝非瞬间绽放的绚烂烟火，而是一场需要长期坚守、默默耕耘的持久战。这意味着大学生必须在漫长的岁月里，保持高度的专注和持久的热情，心无旁骛地为实现创新目标而不懈努力。在这漫长的过程中，大学生可能会遭遇枯燥乏味的研究阶段，承受无数次失败带来的沮丧与压力，同时，外界的种种诱惑和干扰也在持续考验着他们的专注度与意志力。

思想政治教育可以引导大学生深刻认识到，在创新实践与个人成长过程中，唯有保持长期投入，才能实现目标与价值。通过讲述一系列伟大创新成果背后那鲜为人知的漫长历程，它可以让大学生深切体会到只有持之以恒、精耕细作，才有可能迎来真正意义上的重大突破。电灯的发明从历经无数次试验到最终照亮千家万户，互联网从雏形概念到如今无所不在的全球网络，每一项改变世界的创新成果无不是经过了多年甚至几代人的艰辛探索和持续努力。思想政治教育还可以通过系统性引导，助力大学生制订科学合理、切实可行的长期规划。具体而言，它指导学生将宏伟的目标分解为一个个阶段性的小目标，通过逐步实现这些小目标来维持前进的动力和坚定的信心。同时，它注重培养大学生的自律能力和自我激励机制，帮助其在长期的创新道路上克服惰性和困难，抵御诱惑和干扰，始终保持坚定的信念和不屈的斗志，向着既定的目标稳步迈进。

第二节 思想政治教育引导大学生的创业道德

一、诚信经营与社会责任

（一）商业诚信的重要性

在竞争激烈、复杂多变的商业环境中，诚信是企业发展的核心准则。它为企业在商业活动中指明正确方向，对企业生存与发展至关重要。

在企业内部管理与日常运营的微观层面，商业诚信发挥着不可替代的作用。对于企业而言，无论是管理层与基层员工的沟通交流，还是各部门为达成共同目标开展的协同合作，诚信都是构建和谐、积极、高效工作氛围的关键要素。凭借诚信，企业能够增强内部信任，减少沟通成本，提升协作效率，促进团队成员积极投入工作，为企业稳定发展奠定坚实基础。当企业向员工郑重许下的关于薪资待遇、职业发展机会及工作环境改善等方面的承诺能够如实兑现时，当各个部门在相互协作的过程中能够相互信任和坦诚沟通时，员工们将会深刻地感受到自己的价值和尊严得到了最大限度的尊重和认可。企业对员工的尊重和认可，能够直接触动员工内心，充分释放其潜在的能力与创造力，有效提升员工的归属感，极大激发员工的工作积极性。有一家刚刚起步、尚处于创业初期的科技公司，在面对资金链几近断裂的极端困境时，公司的高层领导依然坚守对员工的薪资和福利承诺，没有丝毫的动摇和退缩。这种坚定不移的诚信之举深深感动了每一位员工，他们主动放弃休息时间，夜以继日地投入工作。凭借着顽强的毅力和卓越的团队协作精神，他们成功地攻克了一个又一个看似不可逾越的技术难题，最终帮助公司奇迹般地摆脱了困境，顺利地步入了快速发展的轨道，实现了从无到有、从小到大的华丽转身。

  从宏观的市场交易角度来审视，诚信是企业在激烈的市场竞争中脱颖而出、赢得广大客户的信赖和良好声誉的不二法宝。在面对令人眼花缭乱的众多同类产品或服务选择的情形下，消费者往往会毫不犹豫地将信任的天平倾向于那些始终如一地坚守诚信原则的企业。因为诚信对于消费者而言，不仅仅意味着产品质量的绝对可靠、服务承诺的兑现及售后保障的全面完善，更代表着一种安心、放心和舒心的消费体验。在行业内享有极高声誉的知名家电品牌——海尔①，在过去的几十年里，始终秉持着对品质的极致追求和对消费者的高度负责态度，对产品的每一个细微之处都精雕细琢、力求完美，对消费者提出的每一项售后诉求都给予高度重视、认真对待。即便产品偶然出现质量问题，企业也能毫不犹豫地主动承担起全部责任，迅速采取高效有力的解决措施，以最快的速度消除消费者的后顾之忧。正是这种数十年如一日、始终不变的诚信经营理念和实际行动，使其在广大消费者的心目中成功地树立起了一座几乎无法撼动的信任丰碑，从而在竞争异常激烈的家电市场中稳稳地占据了属于自己的一片广阔天地，市场份额逐年稳步扩大，品牌影响力与日俱增。

  在企业长远发展战略规划中，诚信是塑造独特品牌形象、积累无形资产的核心要素，对企业可持续发展至关重要。一个在市场上拥有着无

---

① 无畏无界，海尔创业 40 周年启示录［EB/OL］. 新浪财经，(2024 – 12 – 29) ［2025 – 05 – 21］. https: //baijiahao. baidu. com/s? id =1819749054832931730&wfr = spider&for = pc.

可挑剔的良好诚信记录的企业，能够在消费者的内心深处建立起一种超越时间和空间限制的深厚信任和情感纽带。这种深厚信任和情感纽带一旦形成，便会迅速转化为消费者对品牌的高度忠诚和不离不弃的追随，进而为企业带来源源不断、持续稳定且不断增长的丰厚收益。反之，倘若一个企业因为一时的贪婪或短视而做出了违背诚信原则的行为，一旦这种不诚信的行为被曝光在公众的视野之下，其多年来精心塑造的品牌形象将会在瞬间遭受灭顶之灾。一旦失去消费者信任，企业想要重建信任将面临漫长且艰难的过程，不仅需要投入大量时间、精力和资源，而且存在极高的失败风险，严重时可能导致企业经营陷入困境，甚至走向倒闭。曾经有一家风光无限、如日中天的大型食品企业，因被媒体揭露其在生产过程中使用劣质原材料，以及进行虚假夸大的宣传，消费者对其曾经的信任和喜爱在一夜之间荡然无存。尽管企业在事后采取了一系列规模空前的危机公关措施和大刀阔斧的整改行动，但消费者的信心已经遭受了无法弥补的重创，该企业的市场份额因此大幅缩水，品牌形象一落千丈，最终在激烈的市场竞争中黯然失色，逐渐淡出了人们的视线。

（二）对社会和环境的责任

在现代社会波澜壮阔的发展进程中，企业已经不仅仅是一个孤立的、单纯追求经济利益最大化的个体存在，而是逐渐演变成为一个与社会各个层面紧密相连、息息相关，承载着重大社会责任和环境责任的关键主体。

创造就业机会是企业履行社会责任的首要体现。大学生创业企业凭借自身的朝气和活力，以大胆创新的商业模式探索和积极有效的业务拓展，持续为社会提供丰富多样优质且具发展潜力的就业岗位。这些岗位不仅切实解决了部分群体的就业与生计问题，为从业者提供稳定经济收入与实现个人价值的平台，更从深层次为社会稳定和谐发展注入强大动能。有一家由几位刚刚毕业的大学生共同创办的互联网服务公司，凭借着他们敏锐的市场洞察力和敢为人先的创新精神，在短短几年内实现了业务的爆发式增长。随着公司规模的不断扩大，他们积极吸纳应届毕业生和来自社会各界的优秀人才，为这些年轻人提供了一个能够充分施展才华、实现个人理想抱负的广阔平台。同时，公司还高度重视员工的职业发展和个人成长，通过内部培训体系的建立和完善、个性化的职业发展规划及公平公正的晋升机制，帮助员工不断提升自身的专业素养和综合能力，实现了个人与企业的共同成长和进步。

此外，企业还应当义不容辞地肩负起积极投身公益事业的神圣使命，充分发挥自身所拥有的独特资源优势和先进技术专长，为教育、医疗、扶贫等社会重点关注和迫切需要改善的领域提供力所能及的支持和帮助。一些在科技领域崭露头角的创新型企业，利用自身在信息技术方面的领先优势，为地处偏远、教育资源匮乏的地区精心搭建起高效便捷的远程教育平台，通过线上直播教学、优质教育资源共享等创新手段，让那里的孩子们也能够有机会享受到与城市孩子同等质量的教育资源，为缩小城乡教育差距、推动教育公平做出了积极贡献；还有一些具有高度社会责任感的医药企业，主动向贫困地区捐赠急需的药品和先进的医疗设备，同时组织医疗专家团队深入基层开展义诊和健康科普活动，极大地改善了当地的医疗条件，提高了当地居民的健康水平和生活质量。

随着全球气候变化、资源短缺、环境污染等问题日益严峻，企业须彻底转变传统的发展理念和经营模式，采用绿色、低碳、可持续的生产方式，最大限度地减少对自然资源的过度开采和浪费，严格控制污染物的排放，积极推动资源的循环利用和能源的高效节约。海螺水泥股份有限公司作为一家传统的制造业企业[1]，曾经长期依赖高能耗、高污染的生产工艺，在面对日益严格的环保政策和社会舆论压力时，痛定思痛，下定决心进行转型升级。通过持续加大研发投入，引进国际先进的环保技术和设备，对生产工艺进行全面革新和优化，成功实现了从原来的粗

---

[1] 枞阳海螺绿色制造引领传统产业转型之路［EB/OL］. 水泥网，（2024-04-28）[2025-05-21］. https://www.ccement.com/news/content/44267497280385001.html.

放式、高污染模式向节能环保型模式的华丽转身。这一转变不仅显著降低了企业的生产成本、提高了产品的市场竞争力，还为改善所在地区的生态环境质量、推动区域经济的可持续发展发挥了积极的示范引领作用。

思想政治教育在引导大学生树立正确的社会和环境责任意识方面发挥着举足轻重的关键作用。通过丰富多彩的课堂教学活动、生动鲜活的案例分析研讨，以及深入基层的社会实践调研等多种形式相结合的教育方式，大学生得以将理论与实践贯通，从抽象认知走向具体行动。在这一过程中，他们可以深刻认识到：创业不仅是实现个人财富积累的途径，更是承担社会责任的重要方式。创业者应当以回馈社会为己任，致力于推动人类福祉提升，以创新实践助力社会进步与环境可持续发展，为子孙后代守护绿水青山，建设美好家园。

二、合法合规与公平竞争

（一）遵守法律法规

在充满无限机遇与严峻挑战、充满不确定性和风险性的创业征程中，遵守法律法规无疑是企业得以在风云变幻的市场环境中稳健前行、茁壮成长的根本保障和绝对不可逾越的红线底线。

法律法规全面覆盖企业全生命周期与经营管理各环节，从设立之初到发展壮大，从日常运营到战略决策，均受其规范与约束。从企业进入市场的第一道门槛——严格而又规范的市场准入审批程序，到每一笔交易、每一份合同签订过程中所必需遵循的条款规范和法律约束；从对知识创新成果的保护与尊重——知识产权的申请、维护和侵权防范，到劳动用工方面关于员工权益保障、薪酬福利支付、劳动安全保护等一系列法律法规的严格执行，企业的每一项经营活动都必须在法律的明确框架内进行规范操作和有序开展。

如果企业出于短视的利益驱动或盲目无知的侥幸心理，选择忽视法律法规的存在，肆意践踏法律的尊严和权威，为了追求短期的经济利益而不惜铤而走险、以身试法，其要承受的后果往往是极其严重且不堪设想的。比如，在新兴的互联网创业领域中，某些初出茅庐但急功近利的公司，为了在竞争激烈的市场中迅速吸引大量用户、抢占市场份额，全然不顾相关的数据隐私保护法律法规，擅自大规模地收集、存储和滥用用户的个人敏感信息，甚至将这些信息非法出售给第三方以获取不正当利益。这种违法行为一经曝光，立即引发了监管部门的高度关注和严厉查处，企业不仅面临着天文数字般的巨额罚款，还在社会舆论中引发了轩然大波，遭到了公众的一致谴责和抵制，其苦心经营的品牌形象在瞬间土崩瓦解。

思想政治教育在这一过程中扮演着至关重要的角色。它通过系统全面的法律知识普及教育、深入浅出的法治观念培养和深入人心的法治精神弘扬，使即将踏上创业之路的大学生们能够从思想深处深刻认识到遵守法律法规的重要性和必要性。不仅如此，思想政治教育还能够依托专业师资与丰富教学资源，为大学生创业者提供系统化法律教育支持。通过深入解读法律法规的具体条款、适用范围与操作流程，帮助他们构建完整的法律知识体系，有效规避因法律认知不足或疏忽导致的违规风险，从而为创业实践筑牢法治根基，确保创业之路行稳致远。

（二）建立公平竞争意识

在市场经济体系中，公平竞争是根本性原则，贯穿市场活动的各个环节。它通过规范市场主体行为，保障市场秩序稳定运行，激励企业持续创新发展，推动行业整体进步，是市场经济健康发展的核心驱动力。

对于每一个投身于市场竞争大潮中的企业而言，公平竞争意识，意味着坚决摒弃一切不正当、不道德甚至违法的竞争手段和策略，坚定不移地依靠自身在产品质量上的精益求精、服务水平上的贴心周到、技术创新上的敢为人先及管理效率上的持续优化来赢得市场的认可和消费者的青睐。这种健康、良性、公平公正的竞争环境激发企业不断挖掘自身潜在的创新能力和发展潜力，勇敢地挑战自我、超越自我，积极进取、奋勇向前。以竞争异常激烈的智能手机行业为例，众多品牌在公平竞争的广阔舞台上各显神通、大放异彩，有的品牌凭借着在拍照功能上的独特创新和卓越表现，成功吸引了一大批追求高品质影像记录的用户；有的品牌则致力于操作系统的优化升级和用户体验的全方位改善，赢得了注重操作便捷性和流畅性的消费者的喜爱。在公平竞争原则的规范与引导下，智能手机行业内各企业充分发挥创新活力，积极开展技术研发、优化产品设计、探索应用创新。这种多元主体协同竞争、共同发展的格局，有力推动了行业实现跨越式进步与革命性突破。

思想政治教育在培养大学生树立正确、积极、健康的竞争观念方面发挥着积极引导作用。思想政治教育通过多样化课程与实践活动，帮助大学生创业者深刻理解公平竞争的价值与意义，引导他们树立正确竞争观，以尊重和欣赏的态度对待竞争对手，严格恪守市场规则与秩序，秉持诚信经营理念，依靠自身实力参与市场竞争，从而实现规范、健康、可持续的创业发展。同时，思想政治教育还有助于在整个社会范围内营造出一种风清气正、公平公正、充满活力和创新精神的良好创业环境，让每一个怀揣梦想、富有才华和创业激情的大学生都能够在这个平等开放的舞台上充分展现自己的独特魅力和无限价值，为实现个人理想和社会发展贡献自己的智慧和力量。

第三节 思想政治教育助力大学生的创造精神

一、激发灵感与突破常规

（一）培养敏锐的观察力

在知识快速迭代、科技高速发展、竞争日益激烈的时代，敏锐的观察力是开展创新创造活动的重要基础和关键能力。凭借敏锐的观察力，人们能够及时捕捉新趋势、发现新需求，从而找到创新方向，推动创新实践。观察力绝非仅仅是对周围事物表面现象浅尝辄止、浮光掠影式的感知，而是一种对其内在规律、潜在联系及细微变化的深邃洞察、敏锐捕捉和深刻剖析。同时，观察力还体现在对社会经济发展变化趋势的准确认知与前瞻性预判。

对于大学生来说，培养敏锐观察力的首要前提是保持旺盛持久的好奇心。这种好奇心驱使他们对生活中一些寻常细节产生浓厚探究兴趣，并付请探索行动。无论是自然界的细微变化，还是社会现象背后的深层逻辑，都应成为其观察与思考的对象。以自然观察为例，当季节更迭时，大学生不仅要关注植物生长速度，形态特征花期等外在变化，更要探索这些变化与气温、土壤肥力、光照时长等环境因素之间的内在关联。在社会观察层面，面对城市交通拥堵现象，不应仅停留于表面认知，而需运用科学方法，分析其与城市规划、人口流动规律、公共交通布局等因素的联系。通过这样由表及里的观察与思考，大学生能够敏锐发现现实问题，如交通信号灯设置不合理，公交线路规划欠妥等。这些发现将进一步激发他们解决问题的创新思维，甚至催生智能化城市规划等前沿设想从而实现从观察到创新的思维跃升。

思想政治教育在培养大学生观察力方面发挥重要作用。通过引导学生聚焦社会热点问题，如贫富差距对社会稳定与公平正义的影响，环境保护与可持续发展的实践路径，教育资源分配不均对社会流动及个人发展的制约等，思想政治教育能够有效激发学生深入观察和思考社会现象的积极性，培养他们从现象洞察本质的能力。思想政治教育还能够帮助大学生树立起正确、科学、全面且富有前瞻性的价值观和世界观，使他们在观察事物的过程中能够站在一个更为宏观、全面的视角，不为那些表面的、暂时的、局部的现象所迷惑和误导，而是能够穿透层层迷雾，直击问题的本质、核心和根源。

以社会贫富差距问题研究为例。在思想政治教育引导下，大学生对贫富差距的认知不再局限于收入数字的表面差异，而是能够深入剖析不同社会阶层在多个维度的结构性不平等：在教育领域，关注资源获取的难易程度、质量水平及机会公平性；在医疗保障层面，探究覆盖范围、保障力度与服务可及性的差异；在就业领域，审视机会数量、岗位质量、稳定性及职业发展空间的失衡。同时，思想政治教育还能进一步引导大学生思考这些因素如何相互交织、彼此作用，从而理解其背后复杂的社会结构与运行机制。这种深入的观察和思考能够有效地激发大学生寻求创新性解决方案的灵感和思路，在教育公平层面，提出加大贫困地区教育资源投入、完善招生录取机制、推广在线教育以弥合城乡教育鸿沟；在就业机会均等方面，倡导培育新兴产业创造优质岗位、强化职业技能培训提升就业竞争力、优化就业服务体系增强信息匹配效率；在社会保障领域，构思提高低保标准、扩大保障覆盖面、优化待遇结构等举措，推动构建更公平合理的保障体系。这些系统性思考既聚焦具体问题，又形成协同效应，为破解社会发展难题提供新思路。

（二）敢于打破传统

在人类社会发展历程中，传统观念和方法往往形成顽固的思维定式与实践局限，严重制约创新发展。这些传统观念和方法的形成，往往源于长期以来的习惯积累、既定的规则束缚、权威人士不容置疑的论断及社会文化的传承和延续。在当今这个瞬息万变、充满不确定性和无限可能性的时代背景下，这些曾经被视为金科玉律、永恒不变的传统有时却会成为束缚新思想诞生、新技术应用和新发展模式探索的沉重枷锁和无形牢笼。

敢于打破传统需要大学生具备非凡勇气、坚定信念和破釜沉舟的决心。他们不仅要敢于挑战权威，对既定结论和固有方法保持批判性思维，更要勇于质疑，表达独到见解。而这种敢于打破传统的思想和做法，离不开长期、系统且潜移默化的思想政治教育。

在学术研究的神圣殿堂里，对于一些虽然被广泛认可但在实践中可能逐渐暴露出局限性和不足的理论学说，大学生应当具备足够的勇气去重新审视、深入探究，并运用新的方法、技术和数据进行全面、系统且实事求是的验证和修正。他们可能会发现一些传统理论在特定条件下的不适用，或者在新的研究视角下可以有更完善的解释和发展。

思想政治教育为大学生提供了突破传统观念、解放思想的有效方法和理论指导，帮助他们树立创新进取的精神内核，成为支撑其打破思维定式、勇于开拓创新的重要力量。思想政治教育通过价值引导与实践培育，助力大学生塑造创新思维与精神品格。一方面，它教育引导大学生保持独立思考、坚守真理、永葆创新激情，着重培养批判性思维、质疑精神与探索未知的勇气，使大学生深刻认识到创新本质在于突破传统、实现创造性转化；另一方面，它通过讲述历史上创新者打破常规、推动社会文明进步的典型案例，以生动且极具感染力的叙事，激发大学生的创新勇气、变革意识和自我超越的内在动力，从而构建起支撑创新实践的精神内核。

在工业革命的汹涌浪潮中，瓦特这位伟大的发明家并没有被传统的蒸汽机技术局限和束缚，而是凭借着敏锐的洞察力、非凡的创造力和无畏的创新精神，对蒸汽机进行了大胆的改良和创新。他成功地突破了传统动力方式在效率、性能和应用范围等方面的种种限制，极大地提高了蒸汽机的效率和性能，从而为工业生产带来了翻天覆地、前所未有的变革，开启了工业发展的崭新时代，推动了人类社会从手工劳动向机器大生产的历史性跨越。这样激动人心、鼓舞斗志的历史案例能够让大学生深刻地认识到：打破传统并非离经叛道冒险之举，而是推动社会进步、文明发展的核心动力和必经之路。

二、培养批判性思维与独立思考能力

（一）对既有观念的反思

在信息爆炸、多元观念思潮交融激荡的时代，既有观念容易形成思维定式,削弱人们对新事物的敏感度,限制开放包容的认知态度和深入探究的能力。因此,对既有观念进行深入、全面、系统且批判性的反思,成为培养创新精神过程中不可或缺、至关重要的关键环节和核心步骤。

既有观念的来源广泛且多样、复杂且深刻,可能来自家庭环境中长辈们长期传承、耳濡目染的价值观念和生活经验,可能源于学校教育中所传授的知识体系、教学方法和行为准则,也可能受到社会大环境中主流舆论、传统习俗、文化氛围和价值取向的深刻影响。在职业选择方面,可能存在着"稳定的工作就是好工作"这样一种根深蒂固、广为流传的刻板观念;在衡量成功的标准上,可能长期遵循着"金钱和地位至上"的单一、狭隘价值取向。大学生需要对这些看似理所当然、天经地义的既有观念进行深入的思考、严谨的剖析和全面的评估,仔细分析其合理性,以及可能存在的局限性、片面性和时代滞后性。比如,对于"稳定的工作就是好工作"这一普遍观念,大学生应当深入思考"稳定"这一概念的具体内涵究竟是什么,是指工作环境的安逸舒适、收入的稳定可靠,还是职业发展的可预测性和低风险性?是否所有的人都具备适应稳定工作的性格特质、能力结构和心理需求?在当今这个充满变化和不确定性、竞争激烈且机遇与挑战并存的社会环境中,稳定与个人发展的空间拓展、职业满足感的获得、自我价值的实现之间的关系究竟发生了怎样微妙而又深刻、复杂而又多样的变化呢?

思想政治教育在引导大学生对既有观念进行反思的过程中,照亮了他们思考的路径,为他们指引了前进方向,点燃了他们探索的激情。它教导大学生运用辩证唯物主义的思维方法,以一种全面、发展、联系、矛盾的视角来看待既有观念,既要看到其积极的一面,又要看到其消极的一面;既要认识到其在特定历史时期所发挥的重要作用,又要清醒地意识到随着时代的变迁、社会的发展和科技的进步,这些既有观念在新的环境和条件下可能会逐渐暴露出其不足之处、不适应之处和需要改进完善之处。

（二）形成独立的见解

在崇尚个性、鼓励创新、追求卓越的时代，独立的见解无疑是创新思维的核心和灵魂所在，是个人独特价值和创造力的重要体现。它意味着在面对纷繁复杂、千变万化的问题和现象时，能够不单单依赖他人的观点和意见，而是凭借自己扎实的知识储备、深入的思考分析、独特的思维方式和丰富的实践经验得出与众不同、独具匠心且富有深度、广度和高度的独特结论。

大学生要形成独立的见解，首先需要构建起坚实而又广博、系统而又前沿的知识体系。这不仅包括对本专业领域知识的精通掌握、深入研究和持续更新，还应当涵盖对跨学科知识的广泛涉猎、融会贯通和综合运用。同时，大学生还需要拥有广泛而又高效、准确而又及时的信息获取渠道，能够通过互联网、图书馆、学术期刊、研讨会等多种途径及时了解国内外最新的研究成果、行业动态、技术创新和社会热点问题。更为关键的是，大学生还要具备深入思考问题的能力，能够运用逻辑推理、数据分析、案例比较、模拟实验等多种方法从多个角度、多个层面、多个维度去剖析问题，综合考虑各种因素的相互作用、相互影响和相互制约，不为那些主流观点和大众舆论所左右、所干扰、所误导。

在探讨新能源汽车的未来发展前景这一热门话题时，大学生既要密切关注新能源汽车技术本身在电池续航能力、充电速度、智能驾驶、车辆安全等方面的日新月异、突飞猛进，又要充分考虑到市场需求在消费者偏好、购买能力、环保意识等方面的变化趋势，还要深入研究国家在补贴政策、税收优惠、基础设施建设、产业规划等方面对于新能源汽车产业的扶持力度和导向作用，以及基础设施建设在充电桩布局、换电站建设、电网改造等方面的完善程度对新能源汽车推广应用的制约和促进作用等多方面因素。通过全面、深入、系统的思考和分析，大学生就可能会提出一些具有前瞻性和创新性的见解,如推广车电分离模式以降低购车成本、发展无线充电技术以提高充电便利性、加强与能源企业合作以优化能源供应结构等。

　　思想政治教育在大学生独立见解形成的过程中发挥着重要作用。它通过理论引导与实践指导,帮助学生明确思考方向、掌握分析方法;以专业知识和经验为学生解答疑惑、提供思路;同时鼓励学生积极参与社会议题讨论与实践,助力其形成独立思考与见解。思想政治教育引导大学生运用马克思主义的立场、观点和方法,对事物进行分析。通过透过现象把握本质、探究规律抓住关键,它可以帮助学生精准识别问题核心,深刻理解事物发展趋势和内在逻辑。同时,思想政治教育通过精心组织各种形式多样、富有活力、精彩纷呈的讨论活动和辩论赛事,为大学生搭建起一个展示自我、交流思想、碰撞智慧、相互学习的广阔平台,有效地培养他们清晰表达自己观点、有力捍卫自己立场、巧妙回应他人质疑、虚心接受合理建议的能力和勇气。

　　在关于"人工智能是否会取代人类工作"这一充满争议和前瞻性的话题讨论中,思想政治教育可以引导大学生从人类所特有的情感交流、创造力发挥、道德判断、审美体验、社会交往等方面进行深入思考,探讨人类在这些领域的独特优势和不可替代性,同时结合人工智能技术在数据处理、模式识别、自动化生产等方面的发展现状和未来趋势,分析其可能对就业市场、职业结构和劳动方式带来的冲击和变革。大学在讨论中形成自己独立而又富有洞察力、前瞻性、建设性的见解。这种独立见解的形成不仅能够锻炼大学生的创新思维能力、逻辑分析能力和语言表达能力,还能够为他们在未来的学习、工作和生活中应对各种复杂问题和挑战提供有力的思想武器、方法指南和精神支撑。

第四节　思想政治教育培育大学生的科学家精神

一、科学家精神的内涵与特质

（一）爱国、创新、求实、奉献等精神

科学家精神是推动人类追求真理、实现进步的重要精神力量，具有丰富而深刻的内涵。其中，爱国、创新、求实、奉献等精神彰显出独特价值与时代意义。

爱国精神，作为科学家精神的核心基石，承载着科学家们对祖国的深沉热爱和无限忠诚。这种精神驱使着他们将个人的科研事业视为国家繁荣昌盛的重要组成部分，为了国家的科技进步，义无反顾地投身其中。钱学森先生，这位被誉为"中国航天之父"的伟大科学家，在美国期间已经在航空航天领域取得了卓越成就。然而，新中国成立的消息传来，他怀着炽热的爱国之心，毅然决定回国。面对美国政府的重重阻挠和威胁，他毫不退缩，坚定地表示要回到祖国去。最终，钱学森突破了种种艰难险阻，回到了祖国的怀抱，全身心地投入到中国的航天事业中。他带领团队从零开始，攻克了无数技术难题，为我国航天事业的发展奠定了坚实基础，他的爱国之举和他对祖国的卓越贡献成为激励无数科研工作者为国家科技事业奋勇拼搏的强大动力。

创新精神，是科学家精神的灵魂所在，为科学事业的持续发展提供根本动力。在科学研究的浩瀚海洋中，敢于突破传统思维的藩篱，摆脱陈旧观念的束缚，以无畏的勇气和独特的视角提出全新的理论和方法，是实现科学创新的关键。屠呦呦团队在抗疟药物的研究中，面对传统抗疟药物疗效不佳的困境，大胆创新，从古老的中医药宝库中寻找灵感。

他们深入挖掘中医典籍，对多种中药进行筛选和实验，最终发现了青蒿素。这一创新成果不仅为全球疟疾防治带来了革命性的突破，还为传统中医药与现代科学的结合树立了典范，充分展示了创新精神在科学研究中的巨大力量。

求实精神，要求科学家们在科研的征程中始终保持对真理的敬畏和对事实的尊重。在科研实践中，仅须严格遵循科学规律，以严谨细致的态度对待每一个实验数据和研究结果，杜绝任何敷衍与造假行为。袁隆平院士，一生致力于杂交水稻的研究。他常年奔波在田间地头，亲自下田观察、实验，从选种、育种到栽培，每一个环节都亲力亲为，不放过任何一个细节。他以实事求是的科学态度，不断探索和改进杂交水稻技术，面对一次次的失败和挫折，从不气馁，始终坚持用真实的数据和结果说话。这种求实精神，让他成功攻克了一个又一个难题，实现了杂交水稻的高产稳产，为解决全球粮食问题作出了巨大贡献。

奉献精神，则是科学家们为了科学事业无私付出、舍小家为大家的高尚情怀的集中体现。他们不计个人得失，默默耕耘，将自己的全部精力和心血投入到科研工作中，甚至不惜牺牲自己的健康和生命。郭永怀先生，在我国核武器研究的关键时期，全身心地投入到工作中。在一次飞机失事的紧急关头，他与警卫员紧紧抱在一起，用身体保护了珍贵的科研资料。他以生命为代价，诠释了奉献精神的至高境界，为我国的国防事业立下了不朽功勋，他的事迹永远铭刻在科学的史册上，激励着后人不断前行。

我国科学家所践行的爱国、创新、求实、奉献等精神，构成了独具中国特色与魅力的科学家精神。这一精神体系为思想政治教育与创新创业教育的深度融合提供了生动范例与价值引领。

（二）科学家精神的时代价值

在百年未有之大变局加速演进的时代背景下，科技创新已成为国际战略博弈的主战场，科学家精神作为国家创新发展的精神内核，承载着推动社会进步、培养时代新人、弘扬主流价值的多重使命，其时代价值在思想政治教育的实践中得以深刻彰显。

其一，科学家精神是驱动科技创新、实现科技自立自强的精神引擎。在全球科技竞争日益白热化与关键核心技术"卡脖子"的双重挑战下，培育具有家国情怀的创新人才成为思想政治教育服务国家战略的重要任务。通过将科学家精神融入思想政治教育体系，能够帮助大学生建立"小我"与"大我"的价值联结，将个人科研志趣升华为科技报国的使命担当。以我国5G通信技术发展为例，科研团队凭借对创新的执着追求与对国家需求的精准响应，实现了从技术跟跑到领跑的跨越，为数字经济发展注入强劲动力。高校通过开发"科技强国"系列思政课程，结合5G技术演进历程开展案例教学，并组织"5G赋能乡村振兴"等实践调研，引导学生在探究技术突破背后的精神力量中，树立"把科研成果应用于国家建设"的价值导向，切实将科学家精神转化为服务国家战略的行动自觉。

其二，科学家精神是落实立德树人根本任务、培育创新型人才的关键要素。面对部分大学生存在的创新动力不足、学术功利化倾向等问题，思想政治教育亟须以科学家精神为价值坐标，构建"价值引领—能力培养—实践锻造"的育人体系。高校通过"思政课程+课程思政+科研实践"的三维融合模式，在思政课程中开设科学家精神专题模块，系统阐释其历史渊源与时代内涵；在专业课程中深度挖掘钱学森归国创业、屠呦呦青蒿济世等典型案例，将学术知识传授与精神品格培育有机结合；同时依托大学生创新创业训练计划，设立"科学家精神传承"专项课题，支持学生在人工智能、新能源等前沿领域开展研究。此外，"思政+科研"双导师制的实施，实现了价值引领与学术指导的协同育人，有效提升学生的创新思维、实践能力与科研伦理素养，为培育德才兼备的科研后备力量提供制度保障。

其三，科学家精神是弘扬社会主义核心价值观、构建时代精神图谱的重要载体。在多元文化思潮相互激荡的背景下，青年群体的价值观塑造面临复杂挑战。科学家精神以爱国、创新、求实、奉献、协同、育人的具象化表达，为社会主义核心价值观教育提供了生动范本。思想政治教育通过构建"理论阐释—榜样示范—实践转化"的育人链条，将科学家精神融入校园文化建设与社会实践。高校开展"向黄大年学习"主题党团日、组织科学家精神宣讲团深入基层、举办科研诚信辩论赛等活动，使抽象的价值理念转化为可感知、可践行的具体行动。这些实践不仅在校园内营造了尊重知识、崇尚创新的文化氛围，更引导学生在志愿服务、学术研究等场景中践行社会责任，推动科学家精神从认知认同升华为行为自觉，成为社会主义核心价值观建设的鲜活注脚。

科学家精神的时代价值在思想政治教育的创新实践中不断丰富拓展，既为国家科技事业发展提供精神支撑，也为培养担当民族复兴大任的时代新人注入强大动能，成为连接个人理想、国家发展与社会进步的精神纽带。

二、在创新创业中弘扬科学家精神

（一）追求真理、勇攀高峰

在科技创新与产业变革深度融合的时代背景下，追求真理、勇攀高峰的科学家精神不仅是驱动创新创业的核心动力，更是思想政治教育与创新教育协同育人的关键切入点。追求真理作为科学探索的本质要求，需要创新创业者以纯粹的学术热忱和坚定的价值信念，突破功利主义的桎梏，深入探究事物的本质规律。高校通过构建"思政 + 创新教育"协同育人模式使学生在追求真理的过程中，既锤炼了创新思维与实践能力，又厚植了科技报国的家国情怀，将对真理的执着追求内化为创新创业的强大动力。

勇攀高峰则体现为敢于挑战权威、突破技术壁垒的进取精神，这与创新教育中培养学生创新能力、实践能力的目标高度契合，也是思想政治教育引导学生树立远大理想、担当时代责任的重要体现。在新能源汽车产业从技术跟跑到自主创新的转型过程中，动力电池续航短、成本高等"卡脖子"问题亟待解决。高校联合新能源企业打造"思政+创新"产学研协同育人平台，学生在项目实践中，不仅能从思政课教师的讲授中认识新能源技术创新对国家能源和可持续发展的战略意义，还可以在企业工程师与创新教育导师指导下开展项目研究，在实践中锻炼创新能力。这种协同育人模式可以激励学生在创新中勇攀高峰，以实际行动助力相关领域技术进步。

（二）严谨治学、淡泊名利

严谨治学是保障创新创业成果科学性与可靠性的根本准则，也是思想政治教育与创新教育协同培养学生学术品格和职业素养的重要内容。在药物研发等高风险领域，从分子设计到临床试验的每个环节都容不得半点差错。学生在参与仿制药一致性评价、创新药靶点筛选等实践项目时，既要掌握药物分析、药理实验等专业技能，又要通过案例研讨深刻理解数据造假对患者生命健康的危害，从而在实验操作、数据记录等环节自觉践行严谨求实的科学态度。这种协同育人机制将学术规范教育、职业道德培养与创新实践能力提升有机结合，帮助学生在创新创业过程中筑牢严谨治学的基石。

淡泊名利，是科学家精神中一种崇高而又珍贵的品质，对抵御创新创业过程中的功利主义、引导学生树立正确的价值取向具有重要意义，这正是思想政治教育与创新教育协同引导学生坚守初心、追求社会价值的关键所在。在创新创业的过程中，部分创业者容易受短期利益诱惑，忽视创新的本质和社会价值。高校通过开展"科学家精神与创新创业价值"主题教育，邀请优秀科研工作者和企业家分享经验。同时，在创新竞赛、项目孵化等环节中增设"社会价值评估"指标，将解决社会问题、推动行业发展等纳入项目评价体系。这种价值引领与实践指导的协同，可以帮助学生在创新创业过程中保持清醒头脑，不被物质利益迷惑，始终坚守创新的初心和使命，追求更高层次的社会价值和人生目标。

第三章

创新创业教育中的思想政治元素融入

创新创业教育中融入思想政治元素,不仅能够提升学生的思想政治素养,还能够引导他们在创新创业过程中树立正确的价值观。通过专业课程中的价值观引导和实践课程中的道德规范教育,学生能够在创新和创业的实践中,始终坚持正确的价值导向。

第一节 创新创业课程中的思政内容渗透

一、专业课程中的价值观引导

(一)职业道德

在当今这个竞争激烈、瞬息万变且多元化程度日益加深的商业世界中,职业道德为无数从业者在错综复杂、充满诱惑与挑战的职业道路上指明了清晰而又正确的前行方向。每一个独特且细分的专业领域都存在着一套内涵丰富、要求严格且至关重要的职业道德准则,这些准则系地规范职业行为，形成严密的行为规范体系。

在工程领域，职业道德的核心要义之一无疑是对安全与质量的至高无上、不容丝毫妥协的责任担当。工程师作为现代社会基础设施和各类工业产品的创造者和守护者，他们手中的每一张设计图纸、每一次施工决策，都承载着巨大的社会责任和历史使命。在设计和建造诸如高楼大厦、桥梁隧道、能源设施等重大工程项目时，工程师必须将安全性和可靠性置于首要位置，以最严谨、最科学、最负责的态度对待每一个细节。一个微不足道的设计失误，或者施工过程中的偷工减料，都有可能引发一系列难以估量的严重后果，甚至直接威胁到广大人民群众的生命财产安全。在著名的塔科马海峡大桥坍塌事故中，由于最初的设计未能充分考虑到风对桥梁结构的影响，这座当时被认为创新之作的大桥在建成后不久便在狂风中轰然倒塌，造成了巨大的人员伤亡和财产损失。这一惨痛的教训深刻地警示着后来的工程师：一是在追求创新和经济效率的同时，绝不能忽视对安全和质量的坚守；二是必须开阔思路与视野，进行全方位因素的考量与精心模拟计算，避免挂一漏万、遗留隐患。

在医疗领域，救死扶伤是职业道德的核心，也始终是医护人员最神圣、最崇高的使命与信念。医生作为生命的守护者和健康的捍卫者，他们所肩负的责任不仅仅是运用专业知识和技能进行疾病的诊断与治疗，更在于在每一个关键时刻，都能够毫不犹豫地挺身而出，为患者的生命和健康全力以赴。在面对诸如癌症、罕见病等疑难杂症时，医生们不能因为困难重重、风险巨大而选择退缩或放弃，而应当凭借着深厚的专业知识积累、丰富的临床经验及坚定的职业操守，不畏艰难险阻，不断探索和尝试新的治疗方法和手段，尽最大的努力为患者寻找生存的希望和康复的可能。

在金融领域，诚实守信和保守客户机密是金融从业者必须坚守的两项重要职业道德准则，共同构成金融行业的职业道德底线。在这个充满风险和诱惑的领域中，金融从业者在处理诸如资金管理、投资咨询、保险业务等各种复杂的金融交易时，必须严格遵守国家的法律法规和行业的规范准则,坚决杜绝任何形式的欺诈、内幕交易、操纵市场等违法违规行为。同时,金融从业者要以最高的标准和最严格的要求来保护客户的个人信息和财务状况,确保其不被泄露、滥用或非法获取。曾经发生的一些金融诈骗案件,不法分子就是利用客户对金融机构的信任,窃取客户的账户信息和资金,给客户带来了巨大的经济损失和心理创伤。这些事件不仅严重损害了金融行业的声誉和形象,还让广大投资者对金融市场的安全性产生了怀疑和担忧。因此,金融从业者只有始终坚守诚实守信和保守机密的职业道德原则,才能赢得客户的信任和支持,维护金融市场的稳定和健康发展。

在创新创业实践中,职业道德发挥着不可替代的关键作用,对行业健康发展和个人职业成长具有重要意义。它不仅关乎每一位从业者个人的职业声誉和长远发展前景,更会直接影响到所在企业的整体形象、社会公信力以及长期的市场竞争力和可持续发展能力。一个始终坚守职业道德底线、以诚信为本、以责任为重的企业,能够在市场中树立起良好的口碑和品牌形象,赢得广大客户的高度信任和衷心认可,从而为企业的创新和创业活动营造出一个积极健康、公平有序的市场环境和社会氛围。相反,那些漠视职业道德规范、为了追求短期的经济利益而不择手段、弄虚作假、坑蒙拐骗的企业,即使在短期内可能会凭借一些不正当的手段获得一些表面上的利益和虚假的繁荣,但从长远来看,必然会受到市场的无情淘汰和社会的严厉谴责,最终陷入无法挽回的困境,难以实现真正意义上的可持续发展。

(二)创新的社会责任

创新,作为推动当今社会飞速进步和经济蓬勃发展的强大引擎和核心动力,其深远意义和巨大价值绝非仅仅局限于创造出新颖的产品、服务和技术,更在于对社会的全面进步、环境的可持续发展以及公共利益的公平分配和有效保障所产生的积极而又深远的影响和贡献。

创新的社会责任突出体现在对社会热点问题和民生痛点问题的敏锐

关注与精准把握，并致力于通过富有创新性和实效性的方式方法提供切实可行、行之有效的解决方案。随着全球人口老龄化趋势的不断加剧，养老问题已经成为社会各界普遍关注的焦点和难点。面对这一严峻挑战，一些具有前瞻性思维和强烈社会责任感的企业和创业者们积极行动起来，通过深入调研和大胆创新，推出了一系列全新的养老服务模式和解决方案。智能化的养老服务平台利用先进的物联网技术和大数据分析手段，实现了对老年人健康状况的实时监测、远程医疗服务的高效提供及个性化生活照料的精准定制；社区养老设施的创新设计则充分考虑到老年人的特殊需求，打造了集居住、医疗、康复、娱乐等多功能于一体的温馨舒适的养老社区，为老年人提供了更加便捷、舒适、人性化的养老服务选择，极大地提升了老年人的生活质量和幸福感。

在环境保护问题上，创新应当致力于可持续发展的宏伟目标，积极探索和应用各种新技术、新方法、新工艺，以最大限度地减少对自然资源的过度消耗和对生态环境的严重破坏。新能源技术的研发和广泛应用无疑是这方面的一个杰出典范。太阳能、风能、水能等清洁能源的创新开发和高效利用，不但从根本上改变了传统能源结构中对化石能源的过度依赖，显著降低了温室气体的排放总量，有效缓解了全球气候变暖的紧迫压力，而且为解决长期困扰人类社会的能源危机问题开辟了一条充满希望和潜力的全新路径。近年来，我国在太阳能光伏发电领域取得了举世瞩目的成就，通过不断创新和优化光伏电池的制造工艺和转换效率，不仅大幅降低了光伏发电的成本，使其逐渐具备了与传统能源竞争的能力，还带动了相关产业链的快速发展，创造了大量的就业机会和经济效益。

创新还应当充分考虑到公共利益的平衡与合理分配，特别是在数字经济蓬勃发展的新时代背景下，互联网平台的创新在为人们的生活带来前所未有的便利和效率提升的同时，也不可避免地引发了一系列诸如数据隐私保护、数字鸿沟加剧、网络安全威胁等新问题和新挑战。具有强烈社会责任感的创新者们应当在积极追求技术进步和商业成功的同时，高度关注这些潜在的问题，并通过技术创新、政策制定、法律监管等多种手段和措施来切实保障公众的合法权益,促进社会的公平正义与和谐稳定。在大数据和人工智能技术广泛应用的今天,一些互联网企业在收集和使用用户数据时,必须遵循严格的法律规范和道德准则,确保用户的个人隐私得到充分保护;同时,政府和社会各界应当共同努力,通过加大对数字基础设施的投资和普及、开展数字技能培训等方式,缩小数字鸿沟,让更多的人能够分享数字经济带来的发展机遇和红利。

二、实践课程中的道德规范教育

(一)合作中的诚信原则

在创新创业实践课程中,合作需要团队成员紧密配合、协同共进。而诚信原则是维系合作机制高效运转的核心要素,为团队协作提供持续动力与坚实保障,确保合作稳定有序推进。

诚信在团队合作中展现出多维度、多层次的重要内涵和具体表现。信息的真实、全面、及时共享是诚信原则的基石。在一个团队中,成员之间应当秉持开放、坦诚的态度,毫无保留地交流各自所拥有的知识、经验、想法和见解,杜绝任何形式的隐瞒、歪曲或夸大重要信息的行为。避免因信息不对称而导致的决策失误和工作偏差,是保障团队合作高效顺畅的关键所在。在前沿科技产品研发项目中,若负责关键技术环节的成员因个人私利或逃避责任,刻意隐瞒研发过程中遭遇的重大难题与潜在风险,将引发一系列连锁反应。这不仅会严重拖延项目整体进度,更可能致使项目最终失败[1]。

承诺的严格兑现是诚信原则的核心体现。当团队成员根据自身的能

---

[1] 商人投资2.6亿元被骗:天津大学技术团队学术造假[EB/OL]. 中国青年网. (2017-06-27) [2025-05-21]. http://news.youth.cn/sh/201706/t20170627_10173005_1.htm#.

力和职责范围，对具体的任务分工、时间节点、工作质量等方面做出明确而又坚定的承诺时，就必须以高度的责任感和使命感，全力以赴地去履行这些承诺，确保不打折扣、不找借口、不拖后腿。否则，任何一个成员的失信行为都会破坏团队协作的信任基础，直接影响整个团队的工作效率和项目进度。如在一个市场调研项目中，负责调研的成员郑重承诺在规定的时间内提交一份详细、准确、具有深度和前瞻性的调研报告，如果由于该成员的主观懈怠或者客观困难而未能按时、按质完成这一任务，那么这一失误不仅会直接影响后续的产品定位和营销策略的制定，还可能打乱整个项目的推进节奏，给团队带来不必要的损失和压力。

诚信原则对于保障合作的顺利进行、达成预期目标具有不可替代的关键作用和决定性意义。团队内部若形成诚信氛围，成员间彼此信任、相互支持，便能在协作中实现高效配合，优化工作流程，最大限度提升工作效率与成果质量。在这样的团队中，成员之间能够建立起一种超越利益关系的深厚情感连接和心理契约，遇到问题时能够迅速达成共识、共同协商、携手解决。相反，如果一个团队中存在着诚信缺失、尔虞我诈、相互推诿的不良现象，比如虚报工作成果以谋取个人利益、故意推卸责任以逃避惩罚等，那么这种负面风气就会侵蚀团队的凝聚力和向心力，破坏团队内部的合作氛围和工作秩序，最终导致合作的失败和项目的流产。

（二）成果保护的法律意识

在创新创业实践中，树立成果保护的法律意识至关重要。这不仅是对个人和团队创新成果的合法认可与保护，更是维持创新活动持续健康发展的必要前提。

大学生深入了解和全面掌握知识产权的相关法律知识，是培养成果保护法律意识的首要任务和关键环节。这些法律法规包括专利法、著作权法、商标法。专利法为发明创造提供了强有力的法律保护，无论是创新性的新技术、独具匠心的新产品设计，还是创新性的工艺流程改进，以及一种新的方法，都能够通过专利申请获得独家的权利和市场竞争优势。著作权法则对文学、艺术和科学领域的各类创作成果给予保护，从诗歌、小说、绘画、音乐作品到软件代码、数据库设计等，都在著作权法的保护范围之内。商标法则为企业的品牌标识、名称、口号等商业符号提供了明确的法律界定和保护措施，防止他人的恶意模仿和侵权行为。

以科技发明为例，当学生们通过辛勤努力和智慧火花研发出一项具有显著创新性和实用价值的技术成果时，应当及时地向相关部门申请专利保护。这样做的意义在于，一方面可以有效地防止他人未经授权就使用、复制和模仿，确保自己的创新成果能够在市场竞争中占据独一无二的地位，获得应有的经济回报和社会认可；另一方面，专利的申请和授权过程也能够促使创新者对自己的技术进行更加深入的完善和优化，提高技术的成熟度和可靠性。同时，在软件开发领域，软件开发者们应当对自己精心编写的代码和程序进行著作权登记，以保护自己的智力劳动成果不被非法窃取和滥用。

此外，培养大学生在日常创新实践中自觉避免侵犯他人知识产权的意识同样至关重要。大学生在借鉴和参考他人成果时，必须明确合法与非法的界限，需严格遵守知识产权等相关规定，遵循合理使用和授权许可的原则。在产品外观设计环节，杜绝抄袭已经注册商标或者外观设计专利，应通过自主创新和个性化设计塑造独特的品牌形象和产品风格。涉及使用他人的作品、技术或者数据时，必须要事先获得合法的授权，并按照约定的使用范围和方式进行使用。

加强成果保护法律意识教育，既能充分激发学生的创新积极性与创造力，又能为创新创业活动构建坚实的法律保障体系，从而在创新创业领域营造尊重知识、鼓励创新、倡导公平竞争、促进有序发展的良好生态环境。

第二节　创新创业实践活动中的思政教育体现

一、团队协作中的集体主义精神培养

在团队协作中，集体主义精神是凝聚团队力量、实现协同发展的核心价值引领。思想政治教育所倡导的集体主义精神，有助于团队成员深刻理解分工合作与共同目标的内在联系，正确把握个人利益与集体利益的平衡关系，从而在创新创业实践中既发挥个体专长，又凝聚团队合力，为实现共同目标注入持久精神动力。

（一）分工合作与共同目标

在创新创业实践中，团队协作至关重要。每个成员都承担着独特且不可替代的职责，通过密切配合、协同工作，推动团队高效、稳定地朝着目标前进。分工合作，作为这一庞大系统得以顺畅运行的关键策略和核心机制，其建立的基础在于对团队成员各自所具备的专业技能、兴趣特长及丰富经验优势的深入洞察和精准把握。团队通过科学合理且细致入微的任务分解，将庞大繁杂的整体任务拆解为一个个具体而明确、既相互关联又相对独立的模块。

在开发一款具有划时代意义的新型智能健康监测设备的项目中，涉及硬件设计、软件开发、医学数据分析、市场营销等多个领域。这些领域既相互独立，又紧密关联，其中硬件设计需专业技术支撑，软件开发面临复杂需求，医学数据分析要求严谨专业，市场营销充满挑战。在精英汇聚的团队中，具备深厚电子工程专业知识和丰富实践经验的成员勇挑大梁，负责硬件电路的精心设计与持续优化，他们运用精湛的技艺确保硬件的高性能和稳定性；那些精通各类编程语言、思维敏捷且富有创

造力的成员则全神贯注于软件系统的开发与全方位的测试，致力于打造出用户体验极佳、功能强大且运行流畅的软件平台；具有扎实医学背景和临床经验的成员则充分发挥其专业优势，对设备采集到的海量健康数据进行深入细致的分析和精准解读，为产品提供科学可靠的医学依据和专业支持；而那些擅长市场推广、对消费者心理有着敏锐洞察力和卓越沟通能力的成员则精心规划产品的市场营销策略和品牌建设方案，努力提升产品的知名度和市场占有率。这种丝丝入扣、精细入微的分工模式使得每个成员都能够在自己最为擅长和热爱的领域中尽情施展才华，发挥出最大的效能和潜力。

然而，分工仅仅只是实现团队高效协作的手段之一，共同目标则始终坚定不移地引领着整个团队勇往直前。这个共同目标应当清晰明确，具有足够的挑战性和吸引力，还应当与团队的核心价值观和使命愿景高度契合、完美融合。在上述提及的智能健康监测设备的开发项目中，团队的共同目标是在既定时间内，推出一款集成前沿技术、具备高精度监测功能、操作便捷且用户友好的创新产品。该产品旨在为用户提供优质健康管理服务，并在竞争激烈的市场中快速建立竞争优势，抢占市场份额。

当团队成员们对这一共同目标有着清晰透彻的理解和认识时，他们日常的工作便拥有了统一而又明确的方向和意义。即使在分工明确、各司其职的情况下，每一个成员都能够深刻地领悟到自己所从事的具体工作是如何为实现整体目标贡献着不可或缺的力量。负责硬件设计的成员会不遗余力地投入到工作中，努力提高设备的稳定性和耐用性，因为他内心深知这一关键特性对于最终实现产品的高品质和长期可靠性是何等的重要，而这恰恰是共同目标得以实现的核心要素之一。同样，软件开发的成员会不断优化算法和用户界面，以提升软件的响应速度和易用性；医学数据分析的成员会严谨地验证数据的准确性和有效性，为产品的科学性提供坚实保障；市场营销的成员会精心策划推广活动，以扩大产品的影响力和知名度。

（二）个人利益与集体利益的平衡

在团队协作中，平衡个人利益与集体利益是一项重要且持续的工作，需要团队成员时刻关注、深入思考并妥善处理。个人利益，涵盖了个人在物质层面的实际回报、职业发展道路上的晋升机会、内心深处的成就感和满足感等多个方面；集体利益，则广泛涉及团队整体目标的顺利实现、在行业内外的良好声誉和形象的树立与维护、长期稳定的发展战略的制定与执行等诸多关键领域。

在某些特定的情境下，个人可能会不可避免地面临短期个人利益与集体利益相互冲突、难以兼顾的局面。在时间紧迫、任务繁重的创新创业项目攻坚阶段，一名团队成员收到了极具吸引力的兼职工作邀请。然而，如果他选择接受这个兼职，他就必然需要投入大量的时间和精力，这无疑会分散他在当前项目中的专注力和投入度，进而可能对项目的推进速度和最终质量产生一定的影响，从而严重损害集体利益。

事实上，我们若以更加长远和宏观的视角来审视这一问题，就会发现集体利益的最终实现往往为个人利益的最大化提供了更为坚实、稳固且可持续的基础和保障。当整个团队齐心协力、攻坚克难，成功地完成了一个具有重大影响力和开创性的创新创业项目时，团队成员们所收获的绝不仅仅是眼前的物质奖励和短暂的荣誉光环。他们还能够在这一过程中积累下无比宝贵的实践经验、建立起广泛而优质的人脉资源，极大地提升自己在所属行业内的知名度、美誉度和竞争力，从而为个人未来的职业发展勾勒出一幅更为广阔、光明且充满无限可能的宏伟蓝图。

为实现个人利益与集体利益之间的平衡，团队需要建立起一套行之有效、畅通无阻的沟通机制和公平合理、激励人心的激励机制。通过定期且高质量的团队会议，成员们得以敞开心扉、畅所欲言，充分地表达自己内心深处的真实想法和迫切需求，共同深入探讨如何在最大限度上保障集体利益不受损害的前提之下，合理满足个人的正当诉求。与此同时，一套设计精良、执行有力的激励制度，能够有效激发团队成员的积极性、主动性和创造性。对于在维护集体利益方面表现突出的成员，激励制度会给予及时且充分的奖励和表彰。

在一个取得了巨大商业成功的创业项目中[①]，团队可以依据成员们在项目推进过程中所做出的贡献大小和发挥作用程度，灵活而公平地分配股权或者利润份额，让每一个成员都能够实实在在地感受到个人的辛勤付出与努力拼搏和集体的辉煌成就与丰硕成果之间那种紧密相连、休戚与共的关系。此外，团队还可以为成员们提供丰富多样、针对性强的培训课程和晋升机会，帮助他们在全力以赴实现集体目标的艰辛历程中不断地提升自身的专业能力和综合素养，实现个人价值的最大化。

二、项目竞争中的公平正义观念强化

在项目竞争日益激烈的环境中，思想政治教育通过价值引领和理念渗透，帮助参与竞争的人员树立公平正义的思想基础。这一思想基础的筑牢，一方面促使人们自觉遵守竞争规则，形成理性有序的竞争秩序；另一方面推动尊重对手、合作共赢意识的形成，让竞争主体在良性互动中实现协同发展。

（一）遵守竞争规则

在竞争激烈的创新创业赛场中，遵守竞争规则是营造公平、公正、有序竞争环境的基础。这些竞争规则涵盖多个重要且相互关联的方面，包括市场准入的严格标准和规范流程、知识产权保护的法律法规和道德准则、商业道德的基本要求和行为规范、招投标程序的公开透明和公正公平等。

以市场准入为例，相关规则和政策明确且细致地规定了企业进入特

---

① 华为2024年分红方案出炉！一文读懂华为"虚拟受限股"与TUP计划［EB/OL］.凤凰网.（2023-12-31）［2025-05-21］. https：//i.ifeng.com/c/8gGWWqgEIYX.

定市场所需满足的条件和要求，包括必备的资质认证、严格的产品质量标准、完善的售后服务体系等。如果个别企业妄图通过虚假申报、伪造文件或者其他种种不正当、不道德甚至违法的手段来获取市场准入资格，那么这种行为无疑会严重破坏公平竞争的良好秩序，损害那些合法合规、诚信经营企业的正当利益和发展空间。

在知识产权保护领域，尊重他人的专利、商标和著作权是每一个企业和个人都应当坚守的道德底线和法律红线。任何未经授权、擅自使用他人的创新成果的行为，不仅是对法律尊严的公然践踏和对他人劳动成果的肆意掠夺，更是一种短视且愚蠢的举动，因为这种行为必然会极大地削弱创新者的积极性和创造性，严重阻碍整个行业的技术进步和创新发展。

招投标程序作为竞争规则的重要组成部分，其重要性同样不可小觑。在涉及公共项目建设或者大型物资采购等重大领域的招投标活动中，招标方应当始终坚定不移地遵循公开、透明、公正的基本原则和核心要求。任何形式的暗箱操作、围标串标、行贿受贿等违法违规行为，都会扭曲资源的合理配置，降低项目的质量和实施效率，给国家和社会带来难以估量的损失和危害。

（二）尊重对手与合作共赢

在充满变数和挑战的项目竞争舞台上，尊重对手不仅仅是一种高尚的道德品质和优雅的绅士风度，更是构建一个健康、和谐、可持续的竞争生态环境的必要前提和核心要素。对手，绝非我们不共戴天的仇敌，而是与我们并肩同行、共同推动行业不断进步和发展的亲密伙伴和志同道合的战友。尊重对手，意味着我们要以一颗公正、客观、包容的心去认可他们所付出的辛勤努力和所取得的辉煌成就，善于发现并虚心学习他们的优点和长处，以彼之长补己之短，从而实现自我的不断完善和超越。

在一场汇聚了众多顶尖人才和创新团队的科技创新大赛中[①]，两个实力超群、志在必得的团队都将目光聚焦在了同一个亟待攻克的技术难题上。尽管在这场激烈的角逐中最终只有一个团队能够荣膺冠军宝座，但双方都应当以开放的心态和敏锐的洞察力从对方独具匠心的解决方案中汲取宝贵的灵感和智慧，敏锐地发现自己在技术路线、实验方法、团队协作等方面存在的不足之处，从而有针对性地进行调整和改进，促进自身在技术研发和创新能力方面的不断提升和完善。

同时，合作共赢作为一种具有前瞻性、战略性和全局性的竞争理念，正逐渐成为引领时代潮流、推动行业发展的强大力量。在某些特定的情境和条件下，原本互为竞争对手的各方完全可以摒弃前嫌、携手合作，通过共享资源、整合优势、协同创新等方式实现强强联合，共同攻克那些制约行业发展的关键技术难题，携手开拓一片充满希望和潜力的全新市场空间。

在蓬勃发展、前景广阔的新能源汽车领域，不同的企业尽管在市场份额、品牌影响力等方面存在着激烈的竞争关系，但他们完全可以在电池技术研发、充电设施建设、行业标准制定等关键环节和核心领域展开广泛而深入的合作。企业间通过共同投入资金、技术和人才，联合攻克电池能量密度提升、充电时间缩短、充电桩普及等技术难题，共同推动行业标准的统一和完善。这不仅能够有效地降低研发成本、提高创新效率、避免重复投资和资源浪费，还能够极大地加速新能源汽车的普及和推广，提升整个行业的技术水平和市场竞争力，实现整个行业的繁荣昌盛和可持续发展。

通过真诚地尊重对手和积极地寻求合作共赢，创新创业者们能够以一种更加开放、包容、智慧的心态去面对市场竞争的风风雨雨，超越那些狭隘、短视、零和博弈的传统竞争思维模式，以更加宏观、长远、全

[①] 来自国内外高校的青年以大赛为平台，激发创造活力，增进互学互鉴——为推动科技进步贡献青春力量［EB/OL］. 人民日报. （2024-10-21）［2025-05-21］. http://gs.people.com.cn/n2/2024/1019/c183342-41013388.htm.

局的视角去审视和把握市场机遇和挑战,为社会创造出更加巨大、多元、持久的经济价值和社会价值。

第三节 创新创业文化中的思想政治导向

一、营造积极向上的创新文化氛围

思想政治教育为创新文化注入人文内核与思想动能。一方面,倡导敢于突破的探索精神,以包容态度消解试错顾虑,激发创新活力;另一方面,强化知识价值认同与人才尊重意识,构建良性创新生态。思想的引领与理念的渗透,让创新在理性与温度兼具的土壤中蓬勃生长。

(一)鼓励尝试与包容失败

在竞争异常激烈、发展瞬息万变的时代大背景下,营造一种积极向上、充满活力且富有包容性的创新文化氛围,对推动创新创业的蓬勃发展具有不可撼动的决定性作用。鼓励尝试是创新文化氛围的重要基础。这种理念能够激发人们突破心理舒适区的限制,主动探索未知领域,勇于挑战传统思维模式和既定规则,充分释放自身的创造力和勇气。

鼓励尝试实际上是在为每一个渴望创新、追求进步的个体精心打造一个宽松、自由且充满激励的理想环境,让他们在这个环境中,能够自由表达和提出新奇独特,甚至在初始阶段看起来不切实际的想法和观点。在一家充满活力与创新精神的科技创业公司里,员工们被积极鼓励去大胆尝试将前沿的新型算法创造性地应用于产品的研发和优化过程中。即使这些算法在当前的技术水平和现有条件下,可能面临着诸多难以逾越的技术难题和实际操作上的巨大挑战,但这种勇敢的尝试却极有可能在不经意间触发一连串意想不到的灵感火花,进而为产品带来突破性的创新和质的飞跃①。

与鼓励尝试相辅相成的另一重要元素，便是包容失败。在充满艰辛与不确定性的创新征程中，失败几乎是一种难以避免的常态现象。每一次失败经历，都蕴含着智慧和宝贵经验，是我们通往成功道路上不可或缺的重要积累。但令人遗憾的是，在现实的社会环境和工作场景中，人们往往对失败这一概念存在着深深的恐惧和不公正的偏见，过度担忧失败可能给自己带来的负面评价、声誉损害，以及种种潜在的不利后果。

为了营造出一种真正意义上的深入人心、广泛认同且切实可行的包容失败的文化氛围，无论是各类组织还是整个社会，都迫切需要从根本上进行观念的转变和理念的更新。在一所致力于培养创新人才的高等院校的创新创业教育体系中，学生们所发起和参与的创业项目，即便最终未能在激烈的商业竞争中取得令人瞩目的成功和显著的经济效益，但只要他们在整个项目的推进过程中充分展现出了创新的思维火花、勇敢的尝试精神及持之以恒的努力付出，依然能够得到来自学校、教师和社会各界的充分肯定和真诚鼓励。这种全方位、多层次的包容态度，能够消除学生对失败的恐惧，让他们以从容、坚定、积极的心态将失败视为学习机遇和成长契机，从而在未来的创新创业道路上越挫越勇、不断前行。

（二）尊重知识与尊重人才

在精心构建积极向上、充满活力且富有成效的创新文化体系的伟大征程中，尊重知识和尊重人才无疑是其中至关重要且居于核心地位的关键要素。知识是创新永不枯竭的源泉和坚实基础，为创新提供源源不断的动力与支撑。倘若没有深厚扎实、与时俱进的知识积累和持续不断的学习更新，创新就如同无源之水，很快便会干涸枯竭；又似无本之木，

---

① "电池魔法师"屹垦科技：用 AI 算法为电池研发装上"探照灯"[EB/OL].深圳新闻网.（2025-03-30）[2025-05-21].http://www.sznews.com/news/content/mb/2025-03/30/content_31502056.htm.

难以在风雨中屹立不倒，更无法实现枝繁叶茂的蓬勃发展。

尊重知识，意味着要高度重视学术研究和理论探索的价值，积极鼓励人们以开放心态和敏锐洞察力，不断追求知识的深度拓展、广度延伸及前沿突破。在企业的日常运营和发展战略中，这一理念具体表现为对研发工作的持续且大规模的资金投入，为员工精心打造丰富多样、针对性强的培训和学习成长机会，大力促进知识在组织内部的高效流动、广泛传播与深度共享。一家在全球制药领域占据领先地位的企业，每年都会投入巨额资金用于新药的研发工作，同时定期组织内部的学术研讨交流活动，邀请国内外顶尖的专家学者与企业内部的科研人员共同分享最新的研究成果、前沿技术动态及行业发展趋势[①]。这种对知识的尊重和追求，不仅为企业的创新发展注入了强大的动力和活力，还在潜移默化中营造了一种浓厚的学习氛围和创新文化。

尊重人才，则集中体现在对每一个个体独特的创造力、创新思维及不可替代的价值的充分认可和高度珍视。在充满无限可能和激烈竞争的时代，每一个人都拥有着与众不同的思维方式、天赋潜能和创新基因，而那些出类拔萃的优秀人才更是推动创新进程的核心力量和关键驱动因素。企业应当以实际行动为人才创造优越舒适的工作环境，提供具有竞争力的合理薪酬福利待遇，以及广阔无垠的职业发展空间和晋升通道，让他们能够在这样的舞台上尽情施展才华、充分发挥自身的专业优势和创新能力。一家在互联网行业声名远扬的创新型企业，为了吸引和留住全球范围内顶尖的技术人才，不仅为他们提供了极具吸引力的高薪待遇和丰厚的福利保障，还赋予他们充分的自主决策权和项目管理权限，让他们能够在各自负责的项目中充分展现个人的创新能力和独特见解，从而为企业带来源源不断的创新活力和竞争优势。

在社会层面，尊重知识和尊重人才具体表现为对广大科研工作者的

---

① 强生创新制药在华 40 年，书写敢为人先的精彩故事 [EB/OL]. 新华网. （2025 - 04 - 21）[2025 - 05 - 21]. https：//www.xinhuanet.com/digital/20250421/95ca83a2e6a040188e5628477627d515/c.html.

辛勤付出和杰出贡献给予充分的尊重、支持和表彰，对教育事业的高度重视和优先发展战略的坚定不移执行，以及建立健全一套科学合理、公平公正、激励有效且具有前瞻性的人才评价体系和激励机制。国家设立了一系列具有权威性和影响力的科学技术奖项，如国家最高科学技术奖、自然科学奖、技术发明奖等，旨在对在各个科研领域取得杰出成就和重大突破的人才进行隆重表彰和高额奖励，以此激发全社会对知识的崇尚和对创新的追求热情，激励更多有志之士投身于知识的探索和创新的伟大事业之中。

二、传播正能量的创业文化价值

思想政治教育为创业文化注入精神内核与行动指引。一方面，弘扬艰苦奋斗、勤劳致富的传统美德，引导创业者以踏实肯干的态度筑牢事业根基；另一方面，强化创新报国、服务社会的责任意识，激励创业者将个人发展与国家需求、社会进步紧密结合。

（一）艰苦奋斗与勤劳致富

艰苦奋斗是一种历经岁月沉淀的宝贵精神品质。在充满挑战的创业道路上，这种精神具有不可替代的价值和深远意义，能够为创业者指明前行方向，成为他们百折不回、砥砺奋进的强大动力，支撑创业者在面对重重困难时坚持不懈、迎难而上。它意味着在面对种种艰难险阻、资源匮乏及环境恶劣等不利因素时，创业者不仅毫不畏惧、勇往直前，还以坚韧不拔的意志和百折不挠的决心，坚持不懈地付出努力，一步一个脚印地朝着目标迈进。

创业者们往往在创业的初始阶段便置身于资源极度有限、竞争异常激烈的残酷环境之中。此时，艰苦奋斗的精神是创业者内心强大的动力源泉，能够持续激发他们创新创业的热情。这种精神也是创业者坚守初心的有力支撑，让他们在逆境中保持坚定信念，始终执着追求创业梦想。他们不断地思考、探索，以超乎常人的毅力和决心，努力寻找解决问题的有效途径和创新方法。一位满怀激情的创业者在创业初期，面临着资金极度紧张的困境，办公环境简陋到仅仅是一间狭小的出租屋，设备陈旧且匮乏。但他并未因此而退缩，反而凭借着艰苦奋斗的精神，日夜埋头钻研业务，不断对产品进行优化和改进。他不放过任何一个细节，从产品的设计到市场推广，都亲力亲为，付出了常人难以想象的努力。最终，他的产品凭借着独特的优势和卓越的品质，成功赢得了市场的高度认可和消费者的青睐①。

勤劳致富，则是一种强调通过诚实劳动、不懈努力及智慧创新来实现财富的合理积累和事业成功的价值观念和务实行动。这一观念与行动所涵盖的范畴远远超越了简单的体力劳动，它更注重的是将智慧、创造力与辛勤付出有机地结合在一起。在当今科技飞速发展、信息爆炸的时代，勤劳致富要求创业者具备敏锐的市场洞察力，能够准确捕捉到稍纵即逝的商机；拥有创新的思维方式，能够在激烈的市场竞争中独辟蹊径，推出与众不同的产品或服务；同时，还需要具备高效的执行能力，将美好的构想迅速转化为实际的行动和成果。

一位来自农村的创业者②，他深刻洞察到了现代农业发展的趋势和市场对绿色、健康农产品的巨大需求。于是，他通过勤奋学习农业新技术，精心挑选优质的种子和肥料，运用科学的种植方法，在自己的土地上种植出了具有特色的高品质农产品。然而，他并未满足于此，而是积极利用互联网这一强大的平台，拓展销售渠道，将自己的产品推向全国乃至全球市场。经过多年如一日的辛勤耕耘和努力拼搏，他不仅成功实现了自己的致富梦想，改善了家庭的生活条件，还带动了周边众多农户共同发展，形成了一个富有活力和竞争力的农业产业集群。

---

① 南方日报. 鼎泰高科 从"草根"创业到"隐形冠军" [EB/OL]. 今日头条. (2024 – 09 – 13) [2025 – 05 – 21]. https://www.toutiao.com/article/7413944850280399410/? upstream_biz = doubao&source = m_redirect.

② 袁夫稻田创始人袁勇刚：一犁烟雨耕心者 十里稻田追梦人 [EB/OL]. 黄梅县人民政府网. (2025 – 05 – 16) [2025 – 05 – 21]. http://www.hm.gov.cn/ywdt/qyms/12042518.html.

艰苦奋斗与勤劳致富，这两种价值观念相辅相成、互为依存。只有通过持续不断的辛勤努力、坚定不移的奋斗精神及对目标的执着追求，创业者们才能在充满变数和挑战的创业道路上披荆斩棘、砥砺前行，最终取得真正意义上的成功，实现个人价值与社会价值的完美统一，为社会的发展和进步作出积极贡献。

（二）创新报国与服务社会

创新报国是创业者崇高而神圣的使命和责任。这一理念引领创业者将个人创新成果与国家发展需求紧密结合，为国家繁荣昌盛和中华民族伟大复兴贡献智慧和力量。在科技日新月异、竞争日益激烈的当今世界，创业者们通过不懈的努力和勇于探索的精神，研发出具有自主知识产权和核心竞争力的先进技术和产品，打破国外长期以来的技术垄断和封锁，极大地提升了国家在相关领域的科技实力和国际竞争力。

在半导体芯片这一关系到国家信息产业安全和发展命脉的关键领域，一些怀揣着爱国情怀和创新梦想的高科技企业，毅然投身艰苦的研发工作之中。他们不畏艰难，夜以继日地攻克了一系列复杂而艰巨的技术难题，成功开发出性能卓越、质量可靠的国产芯片[①]。这一突破性的创新成果，具有重大意义和价值。其一，有效地减少了我国对国外芯片的严重依赖；其二，降低了潜在的信息安全风险；其三，为我国在信息技术这一战略性新兴产业中赢得了更多的话语权和发展空间；其四，有力地推动了国家信息化建设的进程和数字经济的蓬勃发展。

服务社会，作为创业的根本宗旨和核心价值之一，要求创业者们始终将创新成果聚焦于解决社会发展过程中所面临的痛点和难点问题，致力于满足人民日益增长的美好生活需要，推动社会的全面进步和可持续发展。一家专注于环境保护的创新型企业，针对日益严峻的水污染问

---

① 苏商会．石明达：一生微电路 一颗报国"芯"［EB/OL］．今日头条．（2025－05－20）［2025－05－21］．https：//www.toutiao.com/article/7506468593941463591/? upstream_biz = doubao&source = m_redirect．

题，投入大量的人力、物力和财力进行深入研究和技术创新。经过多年的努力，他们成功研发出一种高效、低成本的污水处理技术和设备。这一创新成果的广泛应用，显著改善了城乡的水环境质量，有效地保护了人民群众的身体健康，为建设美丽中国和生态文明社会贡献了重要力量。

一家具有强烈社会责任感的教育科技公司，敏锐地察觉到教育资源分配不均这一社会痛点，致力于开发优质、便捷且普惠的在线教育平台。通过整合优质的教育资源，运用先进的互联网技术和人工智能算法，该公司为广大学生提供了个性化、互动式的学习体验，让更多地处偏远地区、教育资源相对匮乏的孩子也能够享受到与城市孩子同等质量的教育服务。这一创新举措极大地促进了教育公平，提升了全民素质，为社会的和谐稳定和可持续发展奠定了坚实的基础。

创新报国与服务社会，这两种价值观念相互促进、相得益彰。创业者们在为国家和社会创造巨大价值、作出杰出贡献的同时，也能够获得来自社会各界的广泛认可和支持，进一步提升企业的品牌形象和社会声誉，从而实现自身的可持续发展和长期繁荣。这种价值观的广泛传播和深入人心，能够持续激发创业者的使命感，促使越来越多的人积极投身国家建设和社会服务事业，为实现中华民族伟大复兴的中国梦汇聚强大力量。

第四章

融合视域下大学生创新教育与实践的模式构建

融合思想政治教育与创新创业教育的模式构建,需要在教育目标、课程体系、教学方法和评价机制等多个方面进行有机整合。通过这种融合,我们期望为大学生提供一种更加全面、系统、富有内涵的创新教育模式。

第一节 教育目标的融合设定

一、知识技能与思想政治素养的综合目标

大学生培养的综合目标需实现知识技能提升与思想政治素养培育的有机统一。一方面,聚焦专业知识体系构建与创新能力锻造,通过夯实学科基础、强化实践应用,培养适应科技发展与社会需求的创新型人才;另一方面,立足思想政治教育导向,将政治信仰、爱国主义、社会责任感等价值理念深度融入培养过程,引导学生在掌握专业本领的同时,树立正确的世界观、人生观、价值观。

（一）专业知识与创新能力的培养目标

在竞争空前激烈、科技发展日新月异的时代背景下，大学生创新教育应致力于培养学生扎实的专业知识基础和卓越的创新能力。专业知识是创新的根基，它为学生提供了理解世界、剖析问题本质、解决实际难题的理论框架和实用工具。

各个学科领域的专业知识范畴广泛，其深度和广度因学科特性与发展需求而存在显著差异。

在医学领域，学生首先必须打下坚实的基础，深入学习解剖学中人体结构的精细奥秘、生理学中人体机能的运作机制、病理学中疾病发生发展的内在规律等基础医学知识。同时，他们还需要紧跟时代的步伐，及时了解临床医学领域的最新诊疗技术和方法，如微创手术的创新应用、基因编辑技术在疾病治疗中的探索等。只有这样，他们才能够在临床实践中准确诊断疾病、制定科学合理的治疗方案，拯救患者的生命，为医学事业的进步贡献力量。

创新能力的培养要求学生具备多维度、多层次的思维能力和实践技能。批判性思维促使学生深入反思和勇敢质疑既有知识体系，从而敏锐捕捉传统观念背后的创新契机与研究方向。创造性思维则能激发学生产生新颖独特、富有价值的想法和解决方案。

为了真正实现专业知识与创新能力的完美融合与协同培养，教育模式的设计和实施应当独具匠心、富有前瞻性。实践教学和项目式学习应当成为教育过程中的核心环节和重要手段。通过亲身参与实际项目，学生能够将课堂上学到的抽象理论知识生动地应用于解决具体而真实的问题，在实践的熔炉中锤炼自己的创新思维和实践操作能力。

一所享有盛誉的高校的机械工程专业，精心组织学生参与了一项具有挑战性的汽车发动机改进项目。在这个项目中，学生们首先对发动机的工作原理、燃烧过程、热力学循环等专业知识进行了系统的回顾和深入的研究。在此基础上，他们充分发挥自己的创新思维，大胆提出了一系列创新性的设计方案。有的学生建议采用新型的轻质高强材料来制造发动机的关键部件，以减轻整体重量，提高功率重量比；有的学生则提出优化发动机的进气和排气系统，改善燃烧效率，降低污染物排放；还有的学生致力于研发先进的电子控制系统，实现对发动机运行状态的精确监测和实时调整。通过共同努力和反复试验，团队成员最终成功地提出了一套综合性的改进方案，显著提高了发动机的性能和燃油效率。项目不仅让学生们深刻体会到了专业知识的实际应用价值，更使得他们的创新能力得到了极大的锻炼和提升。

（二）思想政治素质的具体要求

思想政治素质在大学生创新教育中具有重要作用，为创新教育体系提供稳固支撑和持续动力。它涵盖了一系列至关重要且相互关联的品质和素养，包括坚定不移的政治信仰、炽热深沉的爱国主义情怀、高度自觉的社会责任感、严谨规范的职业道德及诚实守信的意识等多个方面。

坚定的政治信仰能够引领大学生在创新活动中保持清醒头脑和敏锐政治洞察力，在复杂多变的社会环境中坚守正确的政治方向，坚定不移地为实现中华民族伟大复兴的中国梦而努力奋斗。

爱国主义情怀能够驱散大学生心灵深处的彷徨犹豫与迷茫消沉，激励他们将个人创新梦想与国家繁荣昌盛紧密相连，勇敢承担时代赋予的历史使命，不畏艰难险阻，奋力攻克制约国家发展的关键核心技术难题，摆脱对外技术依赖，实现科技自主自强。

高度的社会责任感促使大学生在创新过程中时刻关注社会热点问题和迫切需求，将解决民生疾苦、推动社会公平正义、促进人与自然和谐共生等重大社会议题融入创新实践。环境科学专业的莘莘学子，怀着对大自然的敬畏之心和对人类未来的深切关怀，在创新研究中全身心地致力于开发更加高效、绿色、可持续的环保技术。他们通过深入研究污染物的迁移转化规律，探索新型的污水处理方法和大气污染治理技术；研发可再生能源的转化与存储技术，提高能源利用效率，减少温室气体排放；研究生态系统的保护与修复策略，维护生物多样性，促进生态平衡。他们的努力不仅为改善环境质量、推动可持续发展贡献了智慧和力量，更展现了当代大学生的社会担当和人文关怀。

良好的职业道德和诚信意识守护着创新的严肃性，确保了创新成果的真实性、可靠性和公正性。在学术研究和创新实践中，杜绝抄袭、剽窃、伪造数据等违背学术道德和诚信原则的行为，维护学术的尊严和纯洁性，是每一位大学生应当坚守的底线。在科研项目的实施过程中，大学生要严格遵循科学研究的规范和流程，如实记录每一个实验数据，确保实验结果的可重复性和可信度。对于研究成果的撰写和发表，大学生要秉持严谨的治学态度，尊重他人的知识产权，杜绝任何形式的学术不端行为。只有这样，才能营造出风清气正的学术氛围，推动创新事业的健康发展。

二、短期成果与长期发展的平衡

创新创业教育通过将价值塑造融入能力培养，既鼓励学生锚定阶段性创新目标，以积极进取的精神攻克难关，产出成果；又注重培育其可持续发展能力，帮助学生构建长远职业规划与终身学习意识，让创新热情与个人成长相互促进，实现短期突破与长期发展的平衡。

（一）阶段性创新成果的追求

在大学生创新教育中，设定明确具体的阶段性创新成果目标具有重要的激励和引导作用。阶段性创新成果虽在整体知识体系中相对微小，但能够为学生的学习过程带来希望，激发他们内心的创新热情与动力。

阶段性创新成果可以表现为形式多样、内容丰富的具体成果。它可能是在一个特定的学期内，成功完成一项小型但具有一定深度和应用价值的科研课题，如针对某一特定疾病的新型药物分子的设计与初步筛选；也可能是通过不懈地努力获得一项具有创新性和实用价值的专利，如一种新型的节能装置或环保材料的发明专利；或者是在学术领域辛勤耕耘，发表一篇具有独到见解和学术价值的论文，如对某一前沿科学问题的理论探讨和实验验证；甚至是在激烈的创新创业竞赛中脱颖而出，取得令人瞩目的优异成绩，如在中国国际大学生创新大赛中斩获金奖。

这些短期成果的追求，对于学生而言，能够极大地激发他们的学习热情和自信心。在一个学期内，一个由跨学科背景的学生组成的团队，紧密合作，成功完成了一项关于智能物联网应用的小型研究课题。他们通过深入研究物联网的关键技术，如传感器网络、数据分析算法等，结合实际应用场景，开发出了一套能够实现智能家庭能源管理的系统。这个系统不仅能够实时监测家庭能源的消耗情况，还能够根据用户的习惯和需求，自动优化能源设备的运行模式，实现节能减排的目标。该团队的成果不仅获得了相关行业的高度认可和技术认证，更让团队成员们感受到了自己的努力付出所带来的巨大成就感和满足感。这种成就感如同一股强大的动力源泉，激励着他们在创新的道路上继续勇往直前，不断追求更高的目标。

阶段性成果也为学生提供了及时而宝贵的反馈信息，使他们能够在创新的征程中，对自己的学习效果和创新能力的提升情况进行客观、准确的评估和反思。通过与其他团队或个人的成果进行横向比较，学生们能够清晰地看到自己的优势和不足之处，从而有的放矢地调整自己的学习策略和创新方向。在一次大学生创新创业大赛中，一个学生团队的项目虽然在技术创新性方面表现出色，但在商业推广和市场应用方面却存在明显的短板。赛后，团队通过与其他获奖项目的对比分析，清晰认识到自身不足。随后团队成员主动寻求相关领域专家指导，系统学习市场营销策略与商业模式创新方法，为项目的优化升级与推广落地夯实了基础。

当然，在追求阶段性创新成果的艰辛道路上，我们必须时刻保持清醒的头脑，警惕过度功利化和短视行为的滋生蔓延。不能仅仅为了追求成果的数量和表面的荣耀，而忽视了成果的质量、深度和实际应用价值。要始终牢记，培养学生的创新思维和实践能力，才是创新教育的核心目标和根本任务。

（二）个人可持续发展能力的培养

在大学生未来漫长且充满变数的职业生涯中，个人可持续发展能力是不断实现自我超越与进步的关键，能够助力他们应对挑战、把握机遇，在职业发展中持续成长并迈向成功。这种能力涵盖了多个至关重要的方面，包括自我学习能力、适应变化的能力、职业规划能力及终身学习的意识等，这些方面共同构成了个人发展的强大动力源泉。

自我学习能力，可以帮助学生在毕业后的广阔天地里，不断更新自己的知识储备和技能体系，紧跟时代发展的快速步伐。在知识快速增长、技术更新换代迅速的时代，新的理论、新的技术、新的方法层出不穷。随着人工智能技术的蓬勃发展，学生需要具备自主学习相关知识和技能的强烈意愿和高效能力，从基础的机器学习算法到复杂的深度学习框架，从自然语言处理到计算机视觉，大学生只有不断地自我学习和自我更新，才能够在未来的工作中灵活运用这些先进技术，解决实际问题，创造价值。

适应变化的能力，能够帮助学生在复杂多变的社会环境和职业要求面前，迅速调整自己的心态和策略，勇敢地迎接各种挑战。时代在进步，社会在发展，行业在转型，职业需求也在不断地发生着深刻的变化。在传统制造业向智能制造转型升级的过程中，原本熟悉传统生产工艺的工人可能需要迅速掌握数字化设计、自动化控制、工业互联网等新技术；在新媒体迅速崛起的背景下，从事传统媒体工作的人员必须尽快适应数字化传播、社交媒体营销等新的工作模式。只有具备强大的适应变化能力，才能够在这些变革的浪潮中站稳脚跟，顺势而为，实现职业的转型和升级。

职业规划能力，让学生能够在众多职业中明确自己的目标和方向，制订出切实可行、符合自身特点和发展需求的职业规划。通过参加职业规划课程、实习实践活动、与行业前辈交流等方式,学生可以深入了解不同职业的发展前景、工作内容、技能要求及职业晋升通道等重要信息。一个对金融行业充满兴趣的学生,通过参与实习,了解到投资银行、风险管理、财富管理等不同细分领域的特点和要求,结合自己的专业背景、兴趣爱好和个人优势,明确了自己未来想要从事的具体岗位,并制订了相应的学习和实践计划,为实现自己的职业理想奠定了坚实的基础。

培养学生的终身学习意识,能够让他们深刻认识到学习是一个贯穿一生的持续过程,永无止境。在这个快速发展的时代,知识和技能的更新速度越来越快,只有保持对学习的热爱和追求,不断地提升自己,才能够在激烈的竞争中立于不败之地,为个人的发展和社会的进步做出持续而有意义的贡献。终身学习体现在多个方面,如工作之余参加培训课程、阅读专业书籍和文献,或是参与行业研讨会、学术交流活动等。

第二节 课程体系的融合设计

一、思想政治理论课与创新创业课程的衔接

思想政治理论课与创新创业课程的有效衔接,一方面,通过课程内容的相互呼应,将马克思主义世界观、方法论及家国情怀等思政元素有机融入创新创业教育,为创新实践提供思想根基与价值导向;另一方面,借助教学方法的互补,将思政课的理论深度与创新创业课程的实践活力相结合,实现"以理育人"与"以用促学"的协同共进。

(一)内容的相互呼应

在当今高等教育体系中,思想政治理论课与创新创业课程紧密衔

接，将学生的思想引领与实践能力培养有机结合，这种衔接在内容层面展现出了深刻而富有意义的相互呼应。

思想政治理论课作为塑造学生正确世界观、人生观、价值观的重要基石，为他们提供了坚实的思想指引和价值导向。《马克思主义基本原理》课程帮助学生理解社会发展内在规律和趋势，使他们深刻领悟到个人在波澜壮阔的社会进程中所肩负的使命与责任。通过学习这门课程，学生能够洞察人类社会从低级向高级发展的必然轨迹，认识到生产力与生产关系、经济基础与上层建筑之间的相互作用，从而明确自己在推动社会进步中的角色和作用。

《思想道德与法治》课则时刻提醒学生遵守道德规范和法律法规的重要性，培养他们具备善良、正直、诚信等美好品德，养成自觉守法、用法的良好行为习惯。这门课程教导学生在面对纷繁复杂的社会现象时，坚守道德底线，以高尚的道德情操和强烈的法律意识规范自己的言行。

创新创业课程侧重于培养学生敏锐的创新思维、无畏的创业精神和扎实的实践操作能力。在创新创业课程的丰富领域中，创新思维课程开启了学生突破传统思维定式的大门，激发他们勇于挑战常规，以独特的视角和大胆的想象提出前所未有的想法和解决方案。

创业管理课程引领学生在充满机遇与挑战的商业世界中穿梭前行，教导他们如何精准地识别和评估潜在的创业机会，如何巧妙地制定富有前瞻性和适应性的营销策略，以及如何精心规划稳健可靠的财务计划，为大学生今后的创业之路奠定坚实的基础。

思想政治理论课中所蕴含的深厚的社会责任感和崇高的道德观念，与创新创业课程中倡导的可持续发展理念和严谨的商业伦理之间，形成了一种天然的呼应与契合。在充满激情与挑战的创新创业过程中，大学生绝不能仅仅将目光局限于短期的经济利益，而应放眼长远，充分考虑项目或企业对社会和环境所产生的深远影响，始终秉持可持续发展的原则。一个致力于开发环保产品的创业项目①，创业者不仅要通过技术创新降低产品生产和使用过程中的能源消耗和环境污染，还要关注产品的生命周期管理，确保资源的合理回收和再利用。同时，在商业运营中，创业者要始终遵循诚实守信、公平竞争的原则，坚决抵制不正当竞争、欺诈等不良行为。只有这样，企业才能在市场中树立良好形象，赢得消费者信任和社会尊重，从而实现长期稳定发展。

思想政治理论课中所强调的法治意识，与创新创业课程中对知识产权保护和法律法规遵循的要求紧密相连。在创新的征程中，知识产权是创新者智慧结晶的法律保障，是激励他们不断探索和创造的重要动力。一项新的技术发明只有通过专利申请等手段得到有效的知识产权保护，才能防止他人的抄袭和侵权，保障创新者的合法权益。在创业的道路上，企业的每一个决策和行动都必须在法律法规的框架内进行。无论是企业的注册成立、合同签订、劳动用工，还是产品质量监管、市场竞争规则遵守等方面，都必须严格遵循相关法律法规。只有这样，企业才能在合法合规的轨道上稳健运行，避免因违法违规而遭受重大损失。

（二）教学方法的互补

思想政治理论课和创新创业课程的教学方法虽彼此之间存在着显著的差异，但又能够完美互补，共同构建起丰富多彩、高效实用的教学体系。

思想政治理论课通常采用系统讲授式的教学方法，以教师为主导，通过条理清晰、逻辑严密的讲解，将马克思主义的基本原理、中国特色社会主义的理论体系等深奥而重要的知识，循序渐进地传授给学生，帮助他们建立起扎实而全面的思想理论基础。这种教学方法能够确保学生对理论知识的系统性和完整性有深入的理解，为他们形成正确的世界

---

① 君昇科技 PFA 产品的环保与可持续性 [EB/OL]. 今日头条. (2025 - 05 - 17) [2025 - 05 - 21]. https://www.toutiao.com/article/7505219445411627574/? upstream_biz = doubao&source = m_redirect.

观、人生观、价值观提供坚实的理论支撑。

创新创业课程则更注重实践操作和互动交流。通过案例分析、小组讨论、项目实践等生动活泼的教学方式，让学生在亲身参与和实际操作中，逐步培养起敏锐的创新思维和果敢的创业能力。例如，在案例分析环节，学生可以对国内外众多成功和失败的创业案例进行深入剖析，从真实的商业故事中汲取宝贵的经验和深刻的教训。他们可以探讨苹果公司如何凭借创新的产品设计和营销策略成为全球科技巨头，也可以反思某些创业公司因战略失误或管理不善而导致失败的原因。小组讨论则为学生提供了一个思想碰撞、智慧交融的平台。在这里，学生们可以各抒己见，分享自己独特的创意和观点，在相互启发和交流中激发创新思维的火花。

将思想政治理论课的系统讲授与创新创业课程的实践互动巧妙地结合起来，能够产生事半功倍的教学效果。在思想政治理论课的教学过程中，可以适时引入一些与创新创业相关的生动案例，引导学生从思想道德和法律的角度深入思考其中的问题。在讲解社会主义市场经济的相关内容时，可以以某家知名企业在市场竞争中坚守诚信原则、积极履行社会责任从而获得长期发展的案例为切入点，让学生思考道德和法律在企业经营中的重要作用。在创新创业课程中，也可以巧妙地融入思想政治教育的元素，让学生在实践项目中亲身感受社会责任感和法治意识的不可或缺性。在学生制订创业计划时，要求他们充分考虑项目对社会和环境的影响，同时遵守相关法律法规，确保创业活动的合法性和可持续性。

二、跨学科课程的整合与开发

（一）融合的思路与方法

跨学科课程的整合与开发正成为当今课程体系改革的重要方向。其核心思路在于打破传统学科界限，促进不同学科领域的知识交融渗透，为培养具有广阔视野、综合素养和创新能力的新一代人才开辟新路径。

首先，以问题为导向的策略成为跨学科课程融合的关键起点。从现实生活中那些纷繁复杂、亟待解决的问题入手，这些问题往往具有多面性和综合性，单靠某一个学科的知识和方法难以给出全面而有效的解决方案。环境污染治理这一全球性难题，涉及化学、生物学、物理学、地质学等多个学科的知识。化学知识可以帮助分析污染物的成分和化学反应机制；生物学知识有助于了解生态系统的自我修复能力和生物降解过程；物理学知识可用于研究污染物的扩散和传输规律；地质学知识则能为土壤和地下水的污染防治提供依据。通过引导学生从多个学科的角度共同思考和探索这些复杂问题的解决之道，能够极大地培养他们的跨学科思维和综合运用知识的能力。

其次，建立学科之间的有机联系是实现跨学科课程融合的重要桥梁。在看似独立的不同学科之间，细心地挖掘和发现那些共通的知识点和互补的研究方法，进而构建起一个纵横交错、紧密相连的知识网络。将生物学中的细胞结构和功能、化学中的有机合成反应及物理学中的光学原理相结合，可以为新材料的研发提供全新的思路和方法；将经济学中的市场供求关系、社会学中的群体行为特征及心理学中的消费者决策过程整合应用于市场营销策略的制定，能够更加精准地把握市场动态和消费者需求。

最后，项目式学习的方式成为推动跨学科课程融合的有力引擎。通过让学生亲身参与跨学科的项目实践，他们在实际操作中自然而然地将不同学科的知识和技能融会贯通。组织学生开展一个关于"智慧城市建设"的综合性项目，就需要综合运用建筑设计中的空间规划原理、能源管理中的可再生能源利用技术、交通规划中的智能交通系统及社会政策中的公共服务均等化理念等多方面的知识和技能。在这个过程中，学生不再是孤立地学习各个学科的知识点，而是在解决实际问题的过程中，深刻体会不同学科之间的相互依存和协同作用。

(二) 案例分析与实践

为了更加直观而深入地理解跨学科课程的整合与开发，我们通过几个具体而生动的案例进行详细分析。

以"生物医学工程"这一跨学科领域为例，它将生物学、医学、工程学等多个学科的知识和技术进行了有机融合。在课程设置中，学生不仅要学习生物学中的细胞生物学、分子生物学等基础知识，了解人体的生理结构和功能；还要掌握医学领域的病理学、诊断学等临床知识，熟悉疾病的发生机制和诊断方法；同时，学生还需要具备工程学中的电子技术、材料科学、计算机科学等方面的专业技能，用于研发和设计医疗设备和器械。通过实验室实践和临床实习，学生能够将所学的多学科知识应用于实际的医疗设备研发和临床诊断治疗中。在研发新型的心脏起搏器时，学生需要运用生物学知识了解心脏的电生理特性，运用医学知识掌握患者的病情和治疗需求，运用工程学知识设计出性能优越、安全可靠的起搏器电路和外壳材料。

再如，"环境科学与政策"这一跨学科课程，整合了环境科学、生态学、经济学、政治学等多个学科的内容。在课程学习中，学生既要深入研究环境科学中的大气污染、水污染、土壤污染等具体问题，掌握环境监测和治理的技术方法；又要从生态学的角度探讨生态系统的平衡与稳定，了解生物多样性保护的重要性；同时，学生还要运用经济学原理分析环境问题背后的经济原因和成本效益，研究环境政策对经济发展的影响；还要从政治学的视角探讨环境政策的制定、执行和监管机制。通过实地调研和政策分析项目，学生能够针对具体的环境问题提出综合的解决方案，并为政府制定科学合理的环境政策提供有力依据。

在实践方面，以"可持续能源发展"项目为例，学生分组开展研究和实践活动。有的小组从物理学和工程学的角度，研究太阳能电池的材料和结构优化，提高光电转换效率；有的小组从经济学和管理学的角度，分析可再生能源项目的投资回报率和市场推广策略；还有的小组从社会学和政策学的角度，探讨如何通过政策引导和社会宣传，促进公众对可再生能源的接受和使用。通过这样的跨学科项目实践，学生不仅在专业知识和技能上得到了全面提升，还培养了团队协作能力、沟通能力和解决复杂问题的能力，为未来在相关领域的发展打下了坚实的基础。

第三节　教学方法的创新运用

一、案例教学与思政启发相结合

案例教学与思政启发的有机结合，旨在通过具象化的知识载体与价值引导，实现"润物无声"的育人效果。真实案例的选择与分析，能够以生动鲜活的实践场景为切入点，帮助学生深化专业认知；思政元素的挖掘与引导，则将社会主义核心价值观、家国情怀等精神内核融入案例解析过程，使学生在分析问题、解决问题的同时，潜移默化地提升思想境界。

（一）真实案例的选择与分析

在当今瞬息万变且竞争激烈的教育领域中，案例教学作为一种极具吸引力和实效性的教学方法，正以前所未有的活力和影响力，深刻地改变着传统的教学模式和学习方式。而在将案例教学与思政启发有机融合的进程里，对真实案例的精心甄别、审慎抉择及深入透彻的剖析，无疑成为决定教学成效优劣的关键要素和核心环节。

真实案例的遴选绝非一种随心随性的偶然行为，而是需要教育者凭借丰富的教学经验、敏锐的洞察力，以及对学科知识和社会现实的深刻理解，进行一番深思熟虑和精准细致的筛选。所选的案例应当具备鲜明的典型性和强大的代表性，能够呈现相关学科领域或社会现象中的核心问题和面临的关键挑战。在商业管理领域，可选取全球知名企业苹果公司作为案例，分析其在发展过程中，面对市场竞争格局变化、消费需求快速迭代、技术创新浪潮冲击等挑战时，所做出的前瞻性战略决策与行动。通过对这一案例的深入研究，学生们能够身临其境地感受到企业高层在复杂多变的市场环境中展现出的卓越管理智慧、敏锐的市场洞察力及果敢的战略决策能力。

案例的选取还应具有强烈的时代性和显著的现实性，能够与当前社会经济发展的前沿动态、热点议题及紧迫需求紧密相连。在科技创新领域，可选取新兴科技企业字节跳动作为案例，分析其如何凭借独特的创新技术，在短时间内突破传统市场壁垒、抢占市场份额并获得显著竞争优势。这样的案例能够让学生们真切地感受到科技创新所蕴含的巨大能量和前所未有的时代机遇，激发他们对前沿技术的探索热情和创新欲望。

案例的多样性和丰富性也是确保教学效果全面性和深度性的重要保障。案例的选择不仅要广泛涵盖不同行业和领域，包括但不限于制造业、服务业、金融业、文化产业等，还要兼顾成功与失败的案例，为学生们提供多元化的学习视角和思考维度。成功的案例可以为学生们树立光辉的榜样和可资借鉴的典范，激励他们勇往直前、追求卓越；失败的案例则可以时刻帮助学生们从他人的失误和挫折中汲取宝贵的教训，避免重蹈覆辙。

教育者在对真实案例进行深入分析的过程中，需要巧妙地引导学生们从多个层面、多个角度进行全方位的思考和探究。首先，要帮助学生们对案例的背景信息进行全面而深入的挖掘和梳理，包括但不限于行业的宏观环境、市场的细微需求变化、政策法规的调整与变革等诸多方面。只有对这些背景因素有了清晰而准确的把握，学生们才能在后续的分析中站得更高、看得更远。

其次，教育者要对案例中所涉及的主体行为、决策过程及最终产生的结果进行抽丝剥茧、条分缕析的详细剖析。在这个过程中，可以灵活运用各种行之有效的分析工具和方法，如SWOT分析（优势、劣势、机会、威胁）、价值链分析等，帮助学生们逐步理清案例中错综复杂的因果关系和内在逻辑脉络。

当对一家传统制造业企业的转型升级案例进行深入剖析时，教育者可以引导学生们从宏观经济环境的变化、行业竞争态势的演变等外部因素入手，探讨企业所面临的市场需求萎缩、成本上升、技术更新换代等巨大压力。然后，引导学生深入研究企业内部的管理模式、生产流程、技术研发能力等方面存在的问题和不足。在此基础上，进一步引导学生分析企业是如何通过果断地调整生产布局、大规模引入先进的自动化生产设备、优化产品结构、拓展新兴市场等一系列具有前瞻性和战略性的举措，实现从传统制造向智能制造的华丽转身。同时，教育者还要引导学生们关注在这一艰难的转型升级过程中，企业所遭遇的各种困难和挑战，如资金短缺、技术人才流失、市场认可度不高等问题，并和学生共同探讨企业是如何凭借坚定的信念、灵活的策略和高效的执行能力，逐一克服这些难题，最终成功实现转型升级。

（二）思政元素的挖掘与引导

在运用案例教学的过程中，思政元素的敏锐挖掘和巧妙引导，是提升教学效果、培养学生全面素养和正确价值观的关键环节和重要举措。案例中蕴含的思政元素需要教育者凭借敏锐洞察力和专业素养去发现、提炼，通过恰当的教学方法引导学生理解、认同并践行其中的价值理念。

首先，教育者可以从各类案例中挖掘出丰富多元的思政元素，包括强烈的社会责任意识、高尚的职业道德操守、勇于创新的进取精神，以及紧密协作的团队合作理念等。在一个企业成功应对突如其来的重大危机的经典案例中，教育者可以引导学生们深入思考企业在极端困难的时期，是如何主动承担起社会责任，选择不裁员、不减薪，与全体员工携手并肩、共克时艰。这种行为充分体现了企业对员工的关爱和担当，展现了企业在社会大家庭中的责任感和使命感。

在一个充满挑战和突破的科技创新项目案例中，教育者可着重强调科研人员对创新的执着追求和对真理的不懈探索精神。他们在面对重重困难和挫折时，始终保持着对科学的敬畏之心和对未知世界的好奇心，凭借着坚定的信念和顽强的毅力，不断突破技术瓶颈，勇攀科学高峰。同时，教育者也可以引导学生们关注团队成员之间的默契协作和高效沟通，在面对复杂问题时，如何充分发挥各自的专业优势和特长，相互支持、相互配合，形成强大的合力，最终实现项目的巨大成功。

其次，教育者在教学过程中要善于运用启发式、互动式的教学方法，引导学生们对这些思政元素进行深入的思考和热烈的讨论。教育者精心设计的具有启发性和挑战性的问题，可以激发学生们思维的火花，让他们从不同的角度、不同的层面去阐述对思政元素的独特理解和深刻认识。

在探讨社会责任议题时，教育者可以向学生们提出这样的问题：企业在追求经济利益最大化的同时，应当如何平衡好社会利益、环境利益和长期发展利益之间的关系？如何通过积极参与公益事业、推动可持续发展战略等方式，实现企业与社会、环境的和谐共生、共同发展？在讨论职业道德话题时，教育者可以引导学生们对案例中的人物行为进行深入分析，判断其是否符合职业道德的规范和要求，并进一步探讨这种行为对个人职业声誉、企业形象及整个社会风气所产生的深远影响。这样的引导和讨论，不仅能够有效地加深学生们对案例的理解和对专业知识的掌握，更能够在潜移默化中培养学生们的思政意识和正确的价值观，使他们在未来的学习、工作和生活中，能够自觉地以社会主义核心价值观为引领，规范自己的言行举止，成为有理想、有道德、有文化、有纪律的社会主义建设者和接班人。

二、项目驱动与思政引导同步

项目开展与思政教育相互交融、协同推进。项目选题融入思政考量,为项目开展锚定价值方向;项目实施贯穿思想教育,为实践注入精神动力。二者紧密结合,形成"以思政引领项目、以项目深化思政"的教学方式。

（一）项目选题的思政考量

在以项目驱动为核心的教学方法体系中,项目选题的思政考量对整个教学活动至关重要,它为教学活动指明正确的方向,赋予其深刻的内涵和价值。项目选题应当紧密围绕社会主义核心价值观这一根本遵循,深度关注社会发展的迫切需求和人民群众的根本利益,确保教学活动与时代脉搏同频共振,与社会需求紧密相连。

以"贫困地区农产品电商销售平台的搭建"为例,该项目主题与乡村振兴这一国家战略紧密相关,旨在借助互联网技术的强大力量,为贫困地区的农民朋友们开辟一条全新的农产品销售渠道,帮助他们摆脱传统销售模式的束缚,有效解决农产品滞销、价格低廉等问题,从而实现农民收入的显著增长,有力推动乡村经济的蓬勃发展。通过参与这一项目,学生们不仅能够运用所学的电子商务知识和技能,为贫困地区的农民提供实实在在的帮助,还能够深刻体会乡村振兴战略的重要意义和现实价值,增强他们对农业农村问题的关注度和责任感。

"城市垃圾分类与资源回收利用系统的优化"是与环境保护息息相关的项目主题。为完成项目,学生们需要深入研究城市垃圾分类和资源回收利用的现状和问题,通过调研分析、技术创新、政策建议等多种手段,提出一套切实可行的优化方案。这不仅有助于培养学生们的环保意识和社会责任感,促使他们积极参与生态文明建设的伟大实践中,还能够为城市的可持续发展贡献一份智慧和力量。

此外,选题还应当注重培养学生们的创新思维和实践能力,同时引导他们树立正确的世界观、人生观和价值观。"智能医疗辅助设备的研发"项目就是一个很好的选题。在这个项目中,学生们需要运用先进的传感器技术、人工智能算法、机械设计原理等多学科知识,攻克一系列技术难题，开发出能够辅助医生诊断治疗、提高医疗效率和质量、改善患者就医体验的智能医疗设备。在项目实施过程中，学生们不仅能够锻炼自己的创新能力和实践动手能力，还能够深刻认识到科技创新对于改善医疗条件、保障人民健康、提升社会福祉的重要意义，从而激发他们为人类健康事业不懈奋斗的热情和决心。

（二）项目实施中的思政教育

在项目实施过程中，思政教育持续引导学生保持不急不躁、不畏不馁的心态，成为推动项目稳步前进、确保项目圆满成功及全面培养学生综合素质的强大动力和重要保障。

在团队组建的初始阶段，教育者应当积极引导学生们树立牢固的团队合作意识，让他们深刻认识到团队合作的重要性和必要性。教育者要教导学生们学会尊重他人的意见和建议，学会倾听不同的声音，善于发现和欣赏他人的优点和长处，充分发挥每个团队成员的独特优势，形成优势互补、协同共进的良好局面。团队合作的实践锻炼可以培养学生们的沟通能力、协调能力、组织能力，以及包容他人的宽广胸怀和高尚品质。

在一个"校园文化活动策划与组织"的项目中，学生们需要根据学校的文化特色和学生的兴趣爱好，策划并组织一系列丰富多彩的校园文化活动。在团队组建过程中，有的学生擅长活动策划，有的学生善于宣传推广，还有的学生具备良好的组织协调能力。教育者应当引导他们明确各自的职责和分工，相互配合、相互支持，共同为打造富有特色、充满活力的校园文化活动而努力。

在项目执行的关键阶段，当学生们不可避免地遭遇各种困难和挫折时，教育者要及时给予他们鼓励和支持，帮助他们保持乐观向上、积极进取的心态，勇敢地面对挑战，敢于担当责任，教育者要培养学生们坚韧不拔的意志品质，让他们在困难面前不退缩、不放弃，始终坚信只要坚持不懈、努力拼搏，就一定能够克服重重困难，实现项目的预定目标。

　　教育者还要引导学生们严格遵守法律法规和道德规范，坚决杜绝任何弄虚作假、抄袭剽窃、投机取巧等不良行为。教育者要培养学生们诚实守信、正直廉洁的良好品德，让他们明白只有依靠真才实学、辛勤付出和正当竞争，才能赢得他人的尊重和认可，取得真正的成功。

　　在项目评估的总结阶段，教育者不仅要关注项目的最终成果和各项技术指标是否达到预期要求，更要高度重视对学生们在项目实施过程中所表现出的思想品质、团队精神、创新能力、解决问题的能力等综合素质进行全面、客观、公正的评价和总结。这种方式可以让学生们进一步认识到思想道德修养对于个人成长和项目成功的至关重要性，激励他们在今后的学习和工作中，不断提升自己的思想境界和道德水平。

　　在一个"社区志愿服务活动策划与实施"的项目中，学生们在组织活动的过程中，可能会遇到志愿者招募困难、活动资源不足、社区居民参与度不高等问题。此时，教育者应当引导学生们积极寻找解决问题的方法和途径，培养他们的问题解决能力和应变能力。同时，要提醒学生们在与社区居民沟通和提供服务的过程中，始终保持热情、耐心和关爱，传递正能量，展现当代青年学生的良好精神风貌和社会责任感。在项目评估时，除了对活动的效果和影响力进行评估外，教育者还对学生们在活动中所表现出的奉献精神、团队协作能力、沟通能力等进行充分肯定和表扬，让他们在付出的同时也能够收获成长和进步。

　　总之，将项目驱动与思想引导有机结合、同步推进，能够让学生们在亲身实践中不仅显著提高自己的专业技能和实践能力，还能够在思想道德、职业素养、团队合作等方面得到全方位的锻炼和提升，塑造出健全的人格和良好的品德，为未来的发展奠定坚实的基础，成为能够担当民族复兴大任的时代新人。

第四节 评价机制的融合建立

一、多元评价指标的确定

构建科学合理的多元评价体系,需要打破传统评价的单一维度,将创新能力与思政素养深度融合。创新能力体现学生的实践探索与突破,思政素养则反映其价值取向与精神内核,二者相辅相成。通过合理分配权重、细化具体指标,能有效引导学生在追求创新突破的同时,坚守正确价值导向,实现知识技能与思政素养的协同发展。

(一)创新能力与思政素养的权重

构建科学、全面、公正、准确的评价机制时,精准确定创新能力与思政素养的权重至关重要。这一权重的合理设定直接影响学生综合素质评价的精准性、客观性与公平性,对学生的成长发展具有深远的引导意义。

创新能力,在当今以知识经济为主导、科技发展日新月异的时代浪潮中,无疑占据着举足轻重的一席之地。它推动着社会不断向前迈进,驱动着科技领域实现一次又一次的重大突破,成为经济持续增长和繁荣的核心引擎。对于正处于人生成长关键阶段的大学生而言,创新能力的具体体现丰富多样,它不仅体现在能够以敏锐的洞察力和前瞻性的思维,提出令人耳目一新的观点和想法,还体现在能够运用灵活多变、独具匠心的创造性思维,巧妙地化解错综复杂、看似无解的难题。同时,积极主动地投身于各类创新实践活动,并在其中取得令人瞩目的实际成果,也是创新能力的重要彰显。

举例来说,在电子工程专业中,一名学生凭借对电路设计原理的深刻理解和独特见解，提出了一种全新的集成电路优化方案，极大地提高了芯片的性能和效率。同时，他还积极参与学校与企业合作的科研项目，成功研发出一款具有自主知识产权的智能传感器，不仅在技术上实现了重大创新，还为相关产业的发展带来了显著的经济效益。这样的学生在创新能力方面无疑表现出色，应当在评价中得到充分的肯定和重视。

然而，我们必须清醒地认识到，思政素养在学生成长过程中具有不可忽视的重要价值。良好的思想政治素质能够引导学生树立正确的价值观念，成长为有担当、有社会责任感、具备高尚道德情操的合格公民。思政素养涵盖多个关键维度，包括政治觉悟、道德品质、价值观以及对国家和社会的责任感等。

一个具有高度政治觉悟的学生，能够以深邃的目光和敏锐的洞察力，深刻理解国家的大政方针和战略部署，积极主动地响应国家在各个领域的发展需求，将个人的理想抱负与国家的繁荣昌盛紧密相连。在国家大力推动新能源产业发展的背景下，一名能源专业的学生积极关注相关政策动态，主动参与新能源项目的研发和推广，为国家的能源转型贡献自己的智慧和力量。

具备良好道德品质的学生，在学术研究与日常社会交往中，始终坚守诚实守信原则，尊重他人的辛勤劳动成果，坚决抵制抄袭、剽窃等不良行为，维护学术研究的纯洁性与公正性。学生在撰写学术论文时，需要严格遵循学术规范，对引用的资料进行详细标注，确保论文的原创性和可靠性。

拥有正确价值观的学生，能够以敏锐的社会洞察力和深切的人文关怀，密切关注社会发展过程中出现的各种问题，如贫富差距、环境保护、教育公平等，并努力通过自己的实际行动，为促进社会的公平正义、和谐稳定及可持续发展贡献积极的力量。比如，一名社会学专业的学生，深入贫困地区进行实地调研，为制定精准的扶贫政策提供了有价值的建议和数据支持。

对国家和社会具有强烈责任感的学生，愿意将个人的职业发展和人生追求与国家的长远利益和民族的伟大复兴紧密结合，为实现中华民族伟大复兴的中国梦而不懈努力、奋勇拼搏。在国防科技领域，一位学生毕业后毅然投身于国防军工事业，为国家的国防现代化建设默默奉献，展现出高度的爱国情怀和责任担当。

在确定创新能力与思政素养的权重时，我们需要以全局的视野和综合的考量，充分结合教育的根本目标、社会发展的迫切需求及学生个体的独特发展特点。对于理工科专业而言，由于其学科特点和行业需求，权重确定可能会相对更侧重于创新能力的培养和评价，但这绝不是说思政素养可以被轻视或忽略。例如，在航空航天工程类专业中，学生的创新能力对于设计更为先进的飞行器、研发高效的推进系统等方面至关重要，但同时，他们也必须具备良好的思政素养，确保其创新成果符合国家安全战略、社会伦理道德及国家整体利益。

而对于人文社科类专业，如历史学、哲学、法学等，思政素养可能会在评价体系中占据相对较高的权重。以法学专业为例，学生不仅需要具备扎实深厚的法律知识和分析解决实际法律问题的能力，更需要拥有坚定的法治信仰、公平公正的价值观念及为维护社会公平正义而不懈努力的决心和勇气。

然而，无论专业之间存在何种差异和特点，我们都应当始终致力于寻求创新能力与思政素养之间的动态平衡。权重的设定绝非一成不变、一劳永逸的固定模式，而是应当根据社会发展的动态变化、教育改革的不断推进及人才培养目标的适时调整，进行灵活而科学的动态优化和完善。

（二）具体评价指标的设定

为了能够真正实现对创新能力和思政素养的精准、客观且全面的评价，我们需要以严谨的态度和科学的方法，精心设计并明确一系列具体、清晰且具有可操作性的评价指标。

对于创新能力的评价指标，应当涵盖多个关键方面，以形成一个全面而立体的评价体系。创新思维的活跃度，作为创新能力的源头活水，是衡量学生创新潜力的重要指标。这可以通过学生在课堂热烈的讨论、小组项目的深入研究及学术交流活动中所提出的独特而深刻的见解和新颖而富有前瞻性的思路来进行有效衡量。在一堂关于人工智能发展趋势的讨论课上，学生能够敏锐地指出当前技术的局限性，并提出基于生物神经学原理的全新算法构想，展现出活跃的创新思维。

创新成果的数量和质量，是评价创新能力的直接体现。我们可以从学生所获得的专利数量和质量、在权威学术期刊上发表的具有创新性的论文、成功完成的具有重要应用价值的创新项目等多个方面进行考察。比如，一位化学专业的学生在本科阶段就成功申请了多项与新型材料合成相关的专利，并在国际知名期刊上发表了多篇研究论文，其创新成果的数量和质量都令人瞩目。

创新实践的参与度，反映了学生将创新想法转化为实际行动的积极性和能力。它可以通过学生参与各类创新创业竞赛、科研项目、企业实习，以及社会实践活动的频率、深度和所取得的实际效果来体现。一名计算机专业的学生积极参加全国创新创业大赛，多次获得优异成绩，并在实习期间参与了企业的核心软件开发项目，为企业解决了实际技术难题，充分体现了其在创新实践方面的高度参与和卓越表现。

思政素养的评价指标，同样需要从多个维度进行细致而全面的设计。政治理论学习的积极性，是衡量学生政治素养的基础指标。这可以通过学生主动参加政治理论学习活动的次数、在学习过程中的投入程度、发表的具有深度和独立思考的政治观点等方面来体现。在学校组织的马克思主义理论学习小组中，有的学生不仅每次活动都积极参与，认真做笔记，还能结合实际案例发表自己对相关问题的深刻理解和独到见解。

道德行为的规范性，是思政素养的外在体现，它可以通过观察学生在日常生活中的诚实守信、尊老爱幼、乐于助人、爱护公共财物等具体行为表现来进行评价。一位学生在校园中捡到贵重物品后，主动上交并积极寻找失主，这种拾金不昧的行为充分展示了其良好的道德品质。

社会服务的参与度，反映了学生的社会责任感和奉献精神。我们可以考查学生参与志愿者活动、社区服务、慈善捐赠、环保行动等公益项目的次数、时长、贡献度及在活动中所发挥的作用。一名学生长期参与社区的义务家教活动，帮助贫困家庭的孩子提高学习成绩，为社区的教育公平做出了积极贡献。

团队协作中的合作精神，是思政素养的重要组成部分。这可以从学生在小组作业、团队项目、社团活动及体育竞赛中的表现来评估，包括是否能够主动承担责任、关心团队成员、善于倾听他人意见、为实现共同目标而努力付出等方面。例如，在学校的科技创新团队中，有的学生即使个人能力突出，也能顾全大局，积极帮助其他成员解决问题，推动团队和谐发展，展现出优秀的团队合作精神。

二、过程性评价与结果性评价的结合

过程性评价与结果性评价有机结合，旨在构建全面、动态的育人评价体系。通过过程中的思政行为观察，捕捉学生在实践中展现的责任意识、价值取向和道德表现；借助成果的综合评估，既考量成果的质量，也审视成果背后所蕴含的思政内涵与价值导向，确保评价的科学性与全面性。

（一）过程中的思政行为观察

在全面、深入且细致地评价学生的学习和发展历程中，对过程中的思政行为进行敏锐而细致的观察，其意义重大且影响深远。这不仅能够更加全面、动态地把握学生的思想动态和情感变化，还能够及时发现可能出现的问题和偏差，给予恰当且具有针对性的引导和纠正。

在丰富多彩且充满活力的课堂教学过程中，教育者需要密切关注学生在课堂讨论中的表现，观察他们是否能够以积极主动的态度参与到讨论中，是否能够以开放包容的心态尊重不同的观点和意见，展现出海纳百川的宽广胸怀和高尚品格。在一场关于全球化对本土文化影响的热烈讨论中，有的学生能够站在不同的文化视角进行分析，既能够欣赏本土文化的独特魅力，又能够理解全球化带来的机遇和挑战，以理性平和的方式与其他同学进行交流和互动，这充分体现了他们良好的思政素养和跨文化交流能力。

在形式多样且富有挑战性的实践活动中，教育者要着重观察学生在团队协作中的具体表现，看他们是否能够主动承担起自己的责任，展现出一种敢于担当、勇于负责的精神风貌；是否能够关心爱护团队中的每一位成员，体现出一种团结友爱、互帮互助的团队精神；是否能够为了实现共同的目标而齐心协力、不懈努力，表现出一种坚定的信念和顽强的毅力。在一次跨学科的社会实践调研活动中，部分学生能够充分发挥自己的专业优势，主动承担起调研方案的设计、数据收集与分析等重要任务。在遇到困难和挫折时，他们能够鼓励大家保持乐观积极的心态，共同寻找解决问题的方法和途径，最终圆满完成调研任务，为当地的经济社会发展提供了有价值的参考建议。这种在实践活动中所展现出的高度责任感和团队合作精神，是思政教育成果的生动体现。

在看似平常却又至关重要的日常学习生活中，教育者也要留意观察学生对待学业的态度和行为，看他们是否能够以勤奋刻苦、脚踏实地的精神投入到学习中去，不畏艰难险阻、勇于攀登知识的高峰；是否能够以诚实守信、严谨自律的原则规范自己的行为，杜绝抄袭作弊、弄虚作假等不良现象，维护学术的尊严和纯洁性。有的学生在完成作业和考试时，始终保持高度的自律和自觉，认真对待每一个知识点，独立思考，努力完成每一项任务。即使面对巨大的学习压力和诱惑，他们也能够坚守道德底线，以诚实的态度对待自己的学业，这种良好的道德品质和自律能力，不仅是他们个人成长的宝贵财富，还是学校思政教育的成功范例。

(二) 成果的综合评估

对学生的学习成果进行全面、深入且细致的综合评估，无疑是整个评价机制中至关重要的环节。这一环节所涵盖的范畴广泛而丰富，绝不仅仅局限于单一的维度，而是呈现出多元化、多层次的特点。它不仅包含了对传统学术成果的严谨评价，如考试成绩、论文质量等这些直观反映学生知识储备和学术表达能力的方面，还应纳入对创新成果和思政实践成果的全面评估，以形成一个全方位、多角度、立体式的评价体系。

在学术成果的评估领域，教育者需要秉持一种全面、系统且深入的考量视角，全方位审视学生在专业知识领域的掌握程度、运用知识解决实际问题的能力，以及在学术研究中所展现出的深度和广度。定期组织的考试，能够直观清晰地了解学生对于专业基础知识的理解、记忆和运用程度。在数学专业的考试中，学生对于基本定理、公式的熟练运用及解题思路的清晰准确，可以反映出他们对基础知识的扎实掌握情况。毕业论文的撰写和答辩过程，则提供了一个深入评估学生研究能力和学术水平的绝佳契机。一篇优秀的毕业论文应当展现出学生独立思考的能力、对前沿学术问题的敏锐洞察力，以及运用科学研究方法进行系统分析和论证的能力。以物理学专业为例，一篇关于新型材料物理性质的研究论文，如果能够在实验设计、数据分析和理论推导等方面展现出学生的创新思维和严谨科学态度，无疑体现了其较高的学术水平。

评估创新成果，应将关注的焦点集中在其创新性、实用性，以及所产生的社会影响力等关键维度。一个真正具有价值的创新成果，必然是能够突破传统思维的束缚和既有模式的限制，大胆地提出全新的理念、方法或技术。这样的创新成果还应当具备显著的实用性，能够切实有效地解决现实生活和工作中所面临的各种具体问题，为相关领域带来实质性的改进和提升。此外，社会影响力也是创新成果评估中不容忽视的重要因素。

思政实践成果的评估则可以从学生积极参与的各类社会服务活动、公益项目所产生的实际效果和影响力,以及学生在这些活动中所展现出的思想政治素质的显著提升等多个方面展开。学生积极投身于社区义工活动,为社区居民提供诸如法律援助、文化普及、环境整治等切实有效的帮助。在这个过程中,不仅社区的生活环境和文化氛围得到了显著改善,居民的生活质量得到了切实提升,学生自身的社会责任感、公民意识、团队协作精神和奉献精神也得到了极大的增强。这种通过亲身参与和实际行动所取得的思政实践成果,无疑具有极高的价值和意义。在一场抗击自然灾害的志愿活动中,学生们积极参与物资分发、灾民安置、心理疏导等工作,展现出了坚韧不拔的意志品质、关爱他人的善良情怀和高度的社会责任感。他们在帮助受灾群众渡过难关的同时,也实现了自我素质的升华,这样的经历和成长在评价中应当得到充分的重视和肯定。

综合评估的核心要义在于将学术成果、创新成果和思政实践成果进行有机的整合与融合,构建一个相互关联、相互支撑、相互补充的全面、客观、公正且科学合理的评价体系。这个评价体系应当能够为学生的发展提供具有针对性和建设性的反馈与指导。它应当能够全面反映学生在知识学习、创新实践和思想政治修养等多个方面的真实表现和成长轨迹,帮助学生清晰地认识到自己的优势和不足,明确未来努力的方向和重点,从而激励他们在追求全面发展的道路上不断前进,实现自我价值的最大化。

精心构建并确立这样一种融合了多元评价指标、充分结合了过程性评价和结果性评价的评价机制,对于更加高效、有力地推动学生实现全面发展,培育出具备创新精神、拥有良好思想政治素质及高度社会责任感的杰出人才,具有极其深远的意义和价值。这不仅是顺应时代发展潮流、回应社会需求的必然选择,更是我们肩负的神圣使命和责任,旨在为实现中华民族伟大复兴的宏伟目标培养出一代又一代德才兼备、全面发展的社会主义建设者和接班人。

第五章

大学生创新教育与实践的平台搭建

为了更好地支持大学生的创新教育与实践,教育者需要搭建多元化的平台。这些平台包括校内实践平台、校外合作平台和网络平台,它们为学生提供了丰富的实践机会和资源。

第一节 校内实践平台的建设与优化

一、实验室与创新工作室的打造

(一)硬件设施的配备

在高等教育日益重视实践能力与创新精神培养的背景下,为大学生打造配备先进、齐全且高效硬件设施的实验与创新环境,已成为提升教育质量、推动学术进步和培养适应时代需求的创新型人才的关键举措。实验室与创新工作室是学生探索未知、实践理论知识和激发创新灵感的重要阵地,其硬件设施的精良程度和完善水平直接关系到教学和研究的深度、广度及实际成效。

先进且专业的实验设备是实验室的核心硬件支柱，为学生探索科学奥秘、开展知识学习提供了重要支撑。不同的学科和专业因其独特的研究对象和方法，对实验设备有着截然不同的需求。在物理学领域，高精度的测量仪器如激光干涉仪、电子显微镜等，能够帮助学生捕捉到微观世界中那些极其细微且复杂的物理现象，从而揭示物质的本质和宇宙的规律。通过激光干涉仪，学生可以精确测量微小的位移和形变，进而研究物体的热胀冷缩、机械振动等物理特性；借助电子显微镜，学生能够观察到原子和分子层面的结构，为新材料的研发和微观物理过程的理解提供直接的视觉证据。

在化学学科中，高效液相色谱仪、气质联用仪等先进的分析设备则成为学生的得力助手，有助于他们精确剖析物质的成分和结构，揭示化学反应的本质和机理。高效液相色谱仪能够对复杂的混合物进行高效分离和定量分析，帮助学生准确测定药物中的有效成分含量、环境样品中的污染物浓度等；气质联用仪则将气相色谱的分离能力与质谱的鉴定能力相结合，快速准确地鉴定未知化合物，为有机合成、环境监测等领域提供强大的技术支持。

对于工程类专业而言，如机械工程、电气工程等，先进的制造设备如3D打印机、数控加工中心及各类测试仪器，能够让学生将脑海中的奇思妙想转化为实实在在的产品，并对其性能进行精确测试和优化。3D打印机能够快速将数字模型转化为实体样品，为产品设计的快速原型制作提供了便捷途径；数控加工中心则凭借其高精度和高自动化的加工能力，制造出复杂且精密的零部件，满足高端装备制造的需求；而各类测试仪器，如力学性能测试仪器、电学性能测试仪器等，则能够对加工后的产品进行全面而精确的性能检测，确保其质量和可靠性。

除了这些高度专业化的实验设备，配备充足且性能优越的计算机设备同样不可或缺。在数字化、信息化的时代，计算机已经渗透到科学研究和工程实践的每一个角落，成为学生进行数据分析、模拟仿真及设计工作的重要工具。高性能的计算机集群能够处理大规模的数据运算和复杂的模型模拟，为学生在气象预测、生物信息学、金融工程等领域的研究提供强大的计算支持；专业的图形工作站则具备出色的图形处理能力，能够满足学生在三维建模、动画设计、电路版图绘制等方面的需求；而丰富的软件许可证，涵盖了从专业的科学计算软件如 MATLAB、ANSYS 到设计软件如 AutoCAD、SolidWorks 等，为学生提供了广泛的工具选择，使他们能够根据具体的研究和创新任务灵活选择、高效工作。

营造一个舒适、安全且人性化的实验环境也是硬件设施配备中至关重要的组成部分。良好的通风系统能够及时排出实验过程中产生的有害气体和粉尘，确保室内空气清新，保护学生和实验人员的身体健康；灭火器、烟雾报警器等防火设备能够在火灾发生的初期迅速响应，有效控制火势，降低灾害损失；急救箱、洗眼器等紧急救援设施则为意外伤害提供及时救治保障。同时，合理的实验室布局，将实验区、操作区、储物区等功能区域划分清晰，能够提高工作效率，减少实验过程中的交叉干扰；舒适的工作空间，配备符合人体工程学的桌椅和照明设备，能够减轻学生的疲劳感，激发他们的工作积极性和创造力。

某知名高校为材料科学专业精心打造的实验室，不仅引进了国际领先的扫描电子显微镜、X 射线衍射仪等大型设备，为学生提供了微观结构表征和晶体结构分析的强大手段，还在每个实验台都配备了独立的通风橱和紧急呼叫按钮，确保实验操作的安全可靠。同时，实验室还专门设置了宽敞明亮的计算机室，配备了多台高性能的图形工作站，并安装了最新版本的材料模拟软件，如 Materials Studio、VASP 等，为学生进行材料性能预测和新材料设计提供了强大的技术支持。实验室的整体布局，充分考虑了人流和物流的合理性，将实验区与办公区分开，避免了相互干扰，同时设置了专门的样品制备室、仪器分析室和讨论室，满足了学生在实验过程中的各种需求，为学生的科研创新活动创造了优越的条件。

（二）管理制度的建立

一个运行高效、管理规范且具备良好适应性和可持续性的管理制度，对保障实验室和创新工作室的正常运转、充分发挥其功能及实现长期稳定发展具有举足轻重的作用。这一制度需形成全面、系统且细致的体系，涵盖实验室日常开放时间安排、设备资源使用规则制定，设备维护保养、安全保障措施的落实，以及人员科学管理等关键方面，构成相互关联、相互支持的有机整体。

开放时间的规划，应当充分尊重和考虑学生们紧凑而多样化的课程安排，同时敏锐地捕捉到他们对于实验和创新活动的迫切需求，从而制定出一套灵活合理的开放制度，如可以设定一些固定的开放时间段，在工作日的课后时间及周末全天，为学生提供稳定的实验机会。与此同时，还应当允许学生根据自己的特殊需求和项目进度，提前向管理部门预约在其他非固定时间段使用实验室，以便他们能够全身心地投入到紧张而关键的科研和创新项目之中。太原理工大学的生物实验室，除固定时间开放外，对于那些正在参与重要科研课题或者准备参加创新竞赛的学生团队，只要提前向实验室管理办公室提交申请并说明原因，就可以在其他时间使用实验室，这种灵活开放的时间安排极大地满足了学生的实际需求，提高了实验室的使用效率[1]。

使用规则的制定应当清晰明确，详细规定学生在使用实验室的设备和资源时所享有的权利及应当承担的义务。如使用规则可要求学生在正式使用特定的精密设备之前，必须参加由专业教师或实验技术人员组织的系统培训，并通过严格的考核，只有这样才能确保学生熟练且正确地操作设备，最大限度地减少因操作失误而导致设备损坏，甚至引发安全事故的风险。对于一些珍贵且稀缺的实验材料和试剂，使用规则应规定

---

[1] 生物医学工程学院实验中心对外开放管理办法 [EB/OL]. 太原理工大学人工智能学院，(2019 - 09 - 26) [2025 - 05 - 21]. https://tylgswyxgc.tyut.edu.cn/info/1077/1366.htm.

严格的使用申请流程，并根据实验的实际需求设定合理的限量标准，从而有效避免浪费和滥用现象的发生。在某化学实验室，学生想要使用贵重的催化剂或者稀有化学试剂，必须提前向实验室管理员提交书面申请，详细说明使用的目的、用量及预计的实验时间，经过审核批准后，才能在规定的用量范围内使用这些材料和试剂。

设备维护制度是确保实验室设备长期稳定运行、保持良好性能状态的重要保障机制。因此，应当建立起定期的维护和保养计划，明确每一台设备的维护责任人及维护周期。对于设备在运行过程中出现的故障和损坏，应当迅速建立起一套及时有效的报修和维修机制，确保设备能够在最短的时间内恢复正常运行，减少对教学和科研工作的影响。同时，还应当积极鼓励学生参与设备的日常维护工作，定期的设备清洁、简单的参数校准等，这样不仅能够减轻实验技术人员的工作负担，还能够培养学生的责任感和实际动手能力。中南民族大学的物理实验室为每一台大型实验设备都建立了详细的维护档案，记录了设备的购买时间、使用频率、维护历史等信息，并指定了专门的教师和学生作为设备维护责任人，要求他们按照规定的周期对设备进行检查、保养和维修[1]。同时，定期组织学生参加设备维护培训，让他们了解设备的基本结构和工作原理，掌握一些常见故障的排除方法，提高他们的设备维护能力。

安全保障制度是实验室管理工作中的重中之重，必须制定出详细且严格的安全操作规程，涵盖实验前的全面安全检查、实验过程中的各项防护措施及实验后的妥善清理和废弃物处理等各个环节。因此，应当定期组织安全教育培训活动，通过生动的案例分析、实际的操作演示等方式，提高学生和工作人员的安全意识和应急处理能力。同时，还应当定期进行应急演练，模拟火灾、化学品泄漏等突发安全事故，检验和提升师生在紧急情况下的应对能力和逃生技能。一所医学院校的实验室，在

---

[1] 实验室设备管理制度 [EB/OL]. 民族美术国家级实验教学示范中心（中南民族大学），(2020 - 04 - 12) [2025 - 05 - 21]. https://www.scuec.edu.cn/mzmsart/info/1070/1181.htm.

学生进入实验室之前，必须接受至少 8 个小时的安全教育培训，内容包括实验室的安全规章制度、常见危险化学品的特性和使用注意事项、个人防护设备的正确佩戴方法及各种紧急情况的应对措施等。同时，每学期都要组织一次实验室安全应急演练，模拟火灾、爆炸、中毒等事故场景，让学生亲身体验在紧急情况下如何迅速报警、疏散、灭火和自救互救，通过这些措施，有效地提高了师生的安全意识和应急处理能力，确保了实验室的安全运行。

人员管理制度应当明确实验室负责人、指导教师、实验员及学生等各类人员的职责和权限。明确规定指导教师指导学生实验和创新项目的具体时间和方式，确保学生在实验过程中能够得到及时、有效的专业指导。建立一套科学合理的考核机制，对学生在实验室的表现进行全面、客观、公正的评价，包括实验操作技能、实验数据的准确性和可靠性、遵守规章制度的情况等，通过评价结果对学生进行激励和约束，激发他们遵守制度、参与实验和创新活动的积极性和主动性。某大学的电子工程实验室制定了详细的人员管理制度，明确规定指导教师每周至少要在实验室指导学生两次，每次不少于两个小时。对于学生，建立了实验表现积分制度，根据学生在实验中的表现给予相应的积分，积分达到一定标准的学生可以优先使用实验室的高级设备和资源，同时在评优评先、奖学金评定等方面给予优先考虑。对于违反实验室规章制度的学生，根据情节轻重给予警告、暂停实验资格甚至纪律处分等处罚措施，通过这些制度的实施，有效地规范了实验室人员的行为，提高了实验室的管理水平和运行效率。

二、校园创新创业活动的组织

（一）竞赛活动的开展

校园创新创业竞赛活动在激发学生创新思维、培养实践能力及塑造团队协作精神方面发挥着关键作用。通过参与此类竞赛，学生们不仅能够将平日在课堂中积累的丰富知识应用于实际问题的解决，还能借此契机，与来自不同专业、具有多元思维的同学们展开深度交流与紧密合作，从而极大地拓宽自身视野，丰富知识体系。

竞赛活动的类型涵盖各个学科和领域的多元主题。科技发明竞赛大力鼓励学生们勇敢地运用崭新技术和独特方法，去攻克现实中那些棘手的技术难题。在一场聚焦于智能交通的科技发明竞赛中，一个由电子工程、计算机科学和机械工程专业学生组成的团队，成功研发出一款基于物联网技术的智能交通信号控制系统。该系统能够实时感知交通流量，并通过智能算法实现信号灯的自动优化调节，显著提高了道路通行效率，缓解了交通拥堵问题。

商业计划竞赛要求学生们凭借敏锐的市场洞察力和前瞻性的战略眼光，精心构思出具备巨大市场潜力和可持续发展前景的商业项目，并为之制订详尽且切实可行的运营计划。以一场关于绿色能源领域的商业计划竞赛为例，一个由环境科学、经济学和管理学专业学生构成的团队，提出了一套创新的分布式太阳能发电与储能一体化解决方案。他们的商业计划不仅详细分析了市场需求、竞争态势和盈利模式，还制定了包括项目推广、资金筹集、团队组建等在内的全面运营策略，最终赢得了评委的高度认可和投资机构的青睐。

创意设计竞赛激发学生们在产品设计、艺术创作等多个领域的创新灵感。在一次以"未来智能家居"为主题的创意设计竞赛中，一位工业设计专业的学生巧妙地融合了人工智能技术和人性化设计理念，创造出一款能够根据用户生活习惯和健康状况自动调节环境参数、提供个性化服务的智能家居系统，为人们勾勒出未来舒适便捷生活的美好蓝图。

竞赛的组织流程需要进行科学合理的规划和严谨细致的执行，确保每个环节紧密衔接、有序推进。在宣传推广阶段，应当充分利用校园官网、热门社交媒体平台、醒目吸睛的海报、生动有趣的宣讲会等多种渠道，全方位、多层次地广泛传播竞赛信息，吸引更多怀揣创新梦想和激情的学生踊跃参与。某高校在举办一场大型创新创业竞赛时，不仅在学校官方网站上设置了醒目的竞赛专题页面，详细介绍竞赛的主题、规则、奖项设置等信息，还通过微信公众号、微博等社交媒体平台定期推送竞赛进展和优秀项目案例，同时在校园内的各个教学楼、食堂、宿舍区张贴了色彩鲜艳、设计精美的竞赛海报，并组织了多场由上届获奖团队成员亲身分享经验的宣讲会，最终成功吸引了全校各个学院、各个年级的上千名学生报名参赛。

在报名组队环节，应当给予学生充分的自由和空间，允许他们根据个人兴趣和专业特长自由组合，从而形成跨学科、优势互补的强大团队。这种跨学科的团队组合能够汇聚不同领域的知识和思维，为项目的创新性和可行性注入强大的动力。在一次以"医疗创新"为主题的竞赛中，一个由医学、工程学、计算机科学和管理学专业学生组成的团队，集合了医学专业学生对临床需求的深刻理解、工程学专业学生的技术研发能力、计算机科学专业学生的数据分析和算法设计能力及管理学专业学生的项目管理和市场推广能力，最终成功打造出一款基于人工智能的远程医疗诊断辅助系统，为改善医疗资源分配不均的问题提供了创新解决方案。

初赛选拔可以采用严谨客观的书面评审方式，由专业评委对参赛项目的计划书进行深入细致的评估，筛选出那些具有独特创意和发展潜力的项目进入复赛。比如，在一场环保主题的创新竞赛初赛中，评委们从项目的创新性、技术可行性、社会需求满足度等多个维度对参赛项目计划书进行打分和评价，最终选拔出了一批如利用微生物技术进行污水净化、开发可降解环保材料等具有前沿性和实用价值的项目进入复赛。

复赛阶段应当为参赛团队提供专业、深入且具有针对性的指导和培训。高校邀请行业内的资深专家、成功企业家、知名学者等为参赛团队进行一对一或小组式的辅导，帮助他们进一步完善项目方案，提升项目的成熟度和竞争力。例如，在一次互联网创新创业竞赛的复赛阶段，高校邀请了多位来自知名互联网企业的技术专家和创业导师，为参赛团队提供了关于产品迭代优化、用户体验提升、市场推广策略等方面的宝贵建议，并通过模拟路演和案例分析等方式，帮助团队成员更好地理解和应对市场挑战①。

决赛则应当通过现场展示和精彩激烈的答辩形式，为参赛团队提供一个充分展示项目成果和团队风采的舞台。由专业评委根据项目的创新性、可行性、商业价值、团队协作等多个方面进行综合评价，评选出真正优秀、具有引领性和示范作用的项目和团队。在一场全国性的大学生创新创业大赛决赛中，各参赛团队通过精彩的现场演示、清晰准确的项目陈述和机智灵活的答辩，全面展示了项目的核心优势和创新亮点。评委们根据项目的技术创新性、市场前景、团队表现等因素进行打分和点评，最终评选出了一批如基于区块链技术的供应链金融解决方案、新型可穿戴医疗设备等具有广阔应用前景和商业价值的优秀项目。

评审标准需要全面综合地考虑项目的多个关键因素，确保客观公正、精确无误。在创新性方面，重点评估项目是否具有独特的视角、新颖的理念和突破性的技术应用；在可行性方面，深入考察项目在技术实现、资源需求、市场接受度等方面的实际可操作性；在商业价值方面，分析项目的市场规模、盈利模式、竞争优势及长期发展潜力；在团队协作方面，关注团队成员之间的沟通效率、分工合理性、协作默契度及应对挑战的能力。

奖励机制需要具备吸引力和激励性，除提供奖金、奖品等物质奖励外，还应包含荣誉证书、实习机会、创业资源对接等具有深远价值的非物质奖励。如在某高校举办的年度创新创业大赛中，获奖团队不仅获得了高额的奖金和精美的奖品，还荣获了由学校颁发的荣誉证书，为团队成员个人履历增添了亮丽的一笔。同时，优秀团队成员获得了进入知名企业实习的宝贵机会，能够亲身体验企业的创新文化和工作流程。此

---

① 第九届大学生科技节之"互联网+"大学生创新创业大赛训练营圆满结束［EB/OL］. 成都信息工程大学官网，（2018 - 09 - 03）［2025 - 05 - 21］. https：//www. cuit. edu. cn/info/1002/10773. htm.

外，学校还积极为获奖项目对接创业投资机构、产业园区等资源，为项目的落地转化和持续发展提供了有力支持。

在另一所高校举办的年度创新创业大赛中，来自全校多个专业的数百支团队报名参赛，经过层层严格的选拔，最终脱颖而出的获奖团队不仅获得了丰厚的奖金，用以支持项目的进一步研发和推广，还得到了学校创业孵化器的入驻资格[①]。在创业孵化器中，团队能够享受到免费的办公场地、专业的创业辅导和完善的配套服务。同时，学校还为他们配备了经验丰富的专业导师，导师们凭借自身深厚的行业背景和丰富的创业经验，为团队提供长期的指导和建议，帮助他们解决在项目发展过程中遇到的各种难题，为项目的进一步发展提供了强大的智力支持和资源保障。

（二）社团与俱乐部的作用

社团和俱乐部在校园创新创业活动发挥着独特且重要的作用。它们为学生提供了自由交流、共同探索和实践创新的广阔平台，营造了浓郁且充满活力的创新创业氛围。

社团和俱乐部具有强大的凝聚力，能够将那些具有相同兴趣和高远志向的学生们紧密地聚集在一起，形成一个充满朝气、富有创造力的群体。机器人社团吸引了众多对机器人技术满怀热忱的学生，成为学生探索科技、体验创新的重要平台。在这里，大学生共同钻研机器人的精巧设计、复杂编程和精准控制，从最初灵光乍现的创意构思，到精心绘制的设计图纸，再到夜以继日编写的代码以及反复调试的硬件组装，每一个环节都倾注了团队成员们的智慧与心血。创业俱乐部则汇聚了一群怀揣创业梦想的同学，他们在这里分享创业路上的酸甜苦辣，探讨着充满潜力的创业项目，相互激励、共同成长。

[①] 关于举办东华大学第三届"尚创杯"创新创业大赛的通知［EB/OL］．东南大学官网，（2024-06-11）［2025-05-21］．https：//news.dhu.edu.cn/_t317/2024/0611/c9187a421444/pagem.psp．

这些社团和俱乐部通过精心策划和组织形式多样、内容丰富的各类活动，有力地促进了学生之间的思想交流与协同合作。技术培训活动邀请业内权威专家和经验丰富的资深学者亲临现场，为学生们传授最新的前沿技术知识和实用的实践操作经验，帮助他们迅速提升在相关领域的专业技能水平。在一场关于人工智能与大数据技术的培训活动中，来自知名科技企业的技术专家向学生们详细讲解了深度学习算法的核心原理、大数据分析的关键技术及实际应用中的最佳实践案例。通过现场演示和实际操作环节，学生们不仅对人工智能和大数据技术有了更深入的理论理解，还掌握了相关技术在实际项目中的应用方法和技巧。

经验分享会诚挚地邀请那些已经在创业道路上取得显著成就的创业者或者在特定领域具有深厚造诣的专家学者，分享他们一路走来的宝贵经历、成功经验及曾经遭遇的挫折与教训。学生们在聆听中汲取智慧的养分，获取前行的力量，从而避免在创新创业的道路上重复前人的错误，少走不必要的弯路。一位成功创办了多家科技企业的创业者在分享会上，深情讲述了自己从最初的创意构思到产品研发、市场推广，再到企业逐步发展壮大的全过程，分享了他在面对资金短缺、技术瓶颈、市场竞争等重重困难时如何坚定信念、灵活应对、勇往直前的亲身经历，让在场的学生们深受启发和鼓舞[①]。

项目研讨会则为学生们的创新项目提供了一个交流碰撞、相互启发、共同改进的宝贵机会。在这里，学生们可以畅所欲言地阐述自己项目的创意亮点、技术难点及面临的挑战，倾听来自不同专业背景同学的意见和建议，从而不断完善项目方案，提升项目的质量和可行性。在一次以"智慧城市建设"为主题的项目研讨会上，来自不同专业的学生们围绕各自提出的智慧城市解决方案展开了热烈讨论。计算机科学专业的学生从技术实现的角度提出了优化算法和数据处理方案，城市规划专

---

① "职引未来"系列活动——创新创业分享会成功举办［EB/OL］. 上海交通大学机械与动力学院官网，(2019-10-30)［2025-05-21］. https://me.sjtu.edu.cn/xsgz/sygh/95.html.

业的学生从空间布局和功能分区的角度提供了创新性的设计思路,环境工程专业的学生则从生态环保和资源利用的角度提出了可持续发展的建议。通过这种跨学科的交流与研讨,各个项目都得到了显著的完善和优化。

参观企业活动让学生们有机会亲身走进企业内部,直观地了解实际的创新创业环境和运作模式。通过参观企业的研发中心、生产车间、营销部门等,学生们可以亲身感受企业的创新文化、管理理念、团队协作及市场竞争的激烈程度。例如,学生们在参观一家知名互联网企业时,深入了解了该企业从产品创意诞生到研发上线、市场推广、用户反馈处理等一系列完整的业务流程[①]。他们目睹了企业如何通过不断创新和优化产品来满足用户需求、赢得市场份额,也看到了企业员工们在快节奏、高压力的工作环境中展现出的创新精神和团队协作能力。这种实地参观的体验让学生们对创新创业有了更直观、更深刻的认识和理解。

社团和俱乐部还能够为学生们提供一个锻炼组织能力和领导才能的绝佳平台。在社团的日常运作和活动组织过程中,学生们需要承担起策划活动、协调资源、管理团队等重要职责。这些经历有助于他们不断提升自身的综合素质和能力。

学校的科技创新社团定期举办编程马拉松活动,吸引了众多学生积极参与。在活动筹备和组织过程中,社团的负责人需要精心策划活动主题、制定规则和流程、协调场地和设备资源、组织志愿者团队进行现场服务,并在活动过程中及时处理各种突发情况。通过这次活动的组织,负责人不仅锻炼了自己的组织协调能力和领导能力,学会了如何在有限的时间和资源条件下高效地完成任务,还学会了如何倾听团队成员的意见和建议,激发团队成员的积极性和创造力,增强了社团成员之间的团队合作精神和凝聚力。

---

① 数据科学与大数据技术专业学生访沈阳名企[EB/OL]. 沈阳城市学院官网,(2024 - 11 - 18)[2025 - 05 - 21]. https://www.shenyangcu.edu.cn/gywm/xydt/xysx/202411/t20241118_47040.html.

社团和俱乐部还可以充当学校与外部企业和机构合作的桥梁和纽带。社团的积极沟通和协调，能够有效地引入企业的实际项目和丰富资源，为学生们提供更多的实践机会和创新资源。

某高校的机器人社团与一家知名机器人制造企业建立了长期合作关系。企业为社团提供了部分研发经费和最新的技术资料，并将一些实际的研发项目委托给社团成员进行尝试和探索。同时，企业还定期派技术专家到学校为社团成员进行培训和指导，分享行业最新动态和技术发展趋势。这种合作模式不仅为学生们提供了接触前沿技术和实际项目的机会，还为企业选拔优秀人才、开展产学研合作搭建了良好的平台。

社团和俱乐部在校园创新创业活动中扮演着至关重要的角色。它们潜移默化地培养学生的创新思维，激发学生的创业激情。通过社团和俱乐部的活动，学生们不仅能够培养创新精神、提升实践能力，还能够结交志同道合的朋友，拓展人脉资源，为未来的职业发展和创新创业之路奠定坚实的基础。

第二节 校外合作平台的拓展与整合

一、企业合作与实习基地的建立

（一）产学研合作模式

在科技飞速进步、经济迅猛发展且竞争态势日益激烈的时代大背景之下，高校与企业之间的紧密合作已然成为驱动教育领域创新变革及产业领域优化升级的强大力量。产学研合作模式，作为一种将学术研究的深度与精度、产业实践的务实性与灵活性及人才培养的前瞻性与综合性完美融合的创新性机制，正以前所未有的活力和影响力，在推动社会进步、经济发展和完善教育体制体系的进程中,日益凸显出其独一无二的价值和无可估量的潜力。

产学研合作模式的核心要义在于彻底打破长期以来横亘在高校与企业之间的那道无形的壁垒,以一种开放、包容且协同的姿态,实现双方资源的高效共享、优势的深度互补及创新的协同共进。

高校,作为知识的殿堂和学术的前沿阵地,坐拥着丰富多元的学术资源,不断孕育着前沿性的科研成果,还汇聚了一大批优秀且富有创造力的人才。然而,这些宝贵的学术成果和人才资源,若要真正转化为能够推动社会进步和经济发展的实际生产力,还需要企业这一强大的产业实践主体的积极参与和有力支持。

企业,凭借其在市场竞争中的敏锐洞察力和快速应变能力,积累了丰富的实践经验,具有强大的产业转化能力。通过产学研合作这一桥梁,高校和企业得以将各自所拥有的独特优势充分释放和整合。在生物医药这一充满挑战和机遇的前沿领域,高校的科研团队凭借其在基础研究方面的深厚积淀和不懈探索,在新型药物靶点的发现及药物作用机制的研究等关键环节取得了一系列令人瞩目的重要突破。然而,要将这些充满希望的科研成果从实验室的理论构想转化为能够真正造福患者、服务社会的实际药物产品,还面临着诸多复杂且艰巨的挑战。其中不仅涉及药物研发过程中复杂的化学合成工艺、严格的临床试验流程,还包括大规模生产过程中的质量控制、成本管理及市场推广过程中的品牌塑造、渠道拓展等一系列实际问题。而这些问题的解决,恰恰需要企业在药物研发、临床试验、生产工艺和市场推广等方面所积累的丰富经验和强大实力。

通过产学研深度合作,高校和企业可以携手并肩,共同组建一支由顶尖科研人员、资深工程师和市场专家组成的跨学科研发团队。在这个团队中,高校的科研人员可以充分发挥其在基础研究方面的优势,为研发提供坚实的理论支撑和创新思路;企业的工程师和市场专家则能够凭借其在实践操作和市场运营方面的丰富经验,将高校的科研成果进行有效的转化和应用。双方的紧密合作和协同创新，不仅能够显著加速研发的进程，有效降低研发成本和风险，还能够极大地提高研发的成功率和市场适应性。

一家在国际上享有盛誉的生物医药企业与一所国内知名高校强强联手，共同开展针对某种重大疾病的新型药物研发项目①。高校的生物学、化学和医学等相关专业的顶尖科研团队深入研究疾病的发病机制和药物靶点，提出了一系列具有创新性的药物设计方案。企业则充分调动其在药物研发、生产和市场推广方面的丰富资源，为项目提供了充足的研发资金、先进的实验设备和专业的临床研究团队。企业还安排了经验丰富的市场专家与高校团队密切合作，提前对药物的市场前景进行评估和规划，确保研发出的药物能够满足市场需求和患者期望。在双方的共同努力下，经过数年的艰苦攻关，高校科研团队成功研发出一种疗效显著、安全性高且具有自主知识产权的新型药物，既为广大患者带来了福音，又为企业赢得了巨大的市场份额和经济效益，还提升了高校在生物医药领域的学术声誉和科研实力。

在产学研合作的过程中，高校不仅可以凭借其深厚的学术底蕴和强大的科研能力，为企业提供专业的技术咨询服务，帮助企业解决在生产过程中遇到的各种技术难题，提升企业的技术创新水平和核心竞争力；还可以充分发挥其在人才培养方面的优势，为企业量身定制各类人才培训课程，为企业输送一大批具有创新意识和实践能力的高素质人才，为企业的持续发展注入源源不断的活力。企业则可以充分利用其在市场运营和产业实践方面的丰富经验，为高校提供宝贵的实践基地和研究经费，让高校的科研成果能够在真实的产业环境中得到检验和优化；企业还可以积极参与到高校的人才培养过程中，与高校共同制定符合市场需求和产业发展趋势的人才培养方案，为学生提供实习和就业机会，让学

---

① 烟台大学科研团队在绿叶制药研发的全球首个治疗帕金森病长效微球制剂在国内获批上市［EB/OL］. 烟台大学药学院官网，（2024－06－21）［2025－05－21］. https：//pharm. ytu. edu. cn/info/1003/3541. htm.

生在实践中锻炼能力，在工作中积累经验，从而培养出一大批适应市场需求、具有创新精神和实践能力的优秀人才。

一家国内领先的新能源汽车制造企业与一所高校的机械工程、电子工程和材料科学等相关专业开展了全方位的产学研合作[1]。高校的科研团队针对企业在新能源汽车研发过程中遇到的电池续航里程、充电时间和安全性等技术难题，开展了一系列深入的研究工作，为企业提供了具有前瞻性和实用性的技术解决方案。企业则为高校的科研团队提供了先进的实验设备和充足的研发经费，并在企业内部设立了专门的实习基地，接纳高校的学生进行实习和实践。企业还与高校共同制定了新能源汽车专业人才培养方案，将企业的实际需求和前沿技术融入教学内容中。这种深度合作不仅有效地解决了企业的技术难题，提升了企业的产品竞争力，还为高校培养了一大批适应新能源汽车产业发展需求的创新型人才，实现了高校、企业和社会的多方共赢。

（二）实习项目的设计与实施

实习项目，作为一座连接高校理论教育与企业实际工作场景的坚固桥梁，在培养学生将所学知识运用于实践、塑造良好的职业素养及激发创新精神等方面，发挥着关键作用。精心策划、科学设计及高效实施实习项目，是确保实习活动能够取得显著成效、切实达成人才培养目标的核心要点和关键环节。

实习项目的设计需要紧密围绕专业的培养目标及企业的实际需求，同时充分考虑学生当前的知识水平和能力特点。项目的内容应当具有明确的针对性和适度的挑战性，既要为学生创造一个能够充分运用所学专业知识去解决实际问题的实践环境，又要巧妙地设置一些能够激发学生创新思维和探索精神的研究课题。高校或企业可以为计算机科学专业的

---

[1] 金台资讯. 重庆理工大学与赛力斯集团签约　打造科技创新"联合引擎"［EB/OL］. 今日头条,（2025 – 05 – 17）［2025 – 05 – 21］. https：//www.toutiao.com/article/7505330245206131235/? upstream_biz = doubao&source = m_redirect.

学生精心设计一个涵盖软件研发全流程的实习项目。在这个项目中，学生将有机会亲身参与到企业实际的软件开发项目中，从项目的需求分析阶段开始，逐步深入系统设计、编码实现、测试调试及最后的维护优化等各个环节，从而全面、系统地了解和掌握软件开发的完整流程和科学方法。

实习项目的实施过程需要高校和企业双方密切协作、默契配合，并进行有效的组织管理和质量监控。在实习项目正式启动之前，高校应当对即将参与实习的学生进行全面、深入且富有针对性的培训和指导。培训内容应当涵盖实习的目的、意义、具体要求、安全注意事项及可能遇到的问题和应对策略等多个方面。同时，高校要为每一位参与实习的学生配备一名经验丰富、责任心强的专业指导教师，指导教师应当定期与学生进行沟通交流，及时了解实习的进展情况和学生在实习过程中所面临的各种问题，并给予专业、准确且富有建设性的指导和帮助。

企业作为实习项目的重要实施主体，应当为学生提供一个真实、完整且具有典型性的工作环境和实践任务。安排那些在本行业中具有丰富实践经验和深厚专业素养的员工担任实习学生的导师，实习导师不仅要向学生传授实用的专业技能和工作经验，更要关注学生的职业发展规划，根据学生的个性特点和能力优势，为他们提供具有针对性和前瞻性的建议和指导。

一所高校的金融专业与一家在业内具有广泛影响力的证券公司携手合作，共同开展了一项旨在提升学生金融实践能力的实习项目[1]。在实习项目正式启动之前，高校为参与实习的学生精心组织了为期一周的金融实务培训课程，并邀请了多位在金融领域具有深厚理论造诣和丰富实践经验的业内专家，为学生系统讲解证券市场的基本规则、交易流程、风险管理及投资策略等重要知识和实用技能。在实习过程中，企业根据

---

[1] 深化投资者教育，校企共育金融新才——财信证券2024年暑期实习活动［EB/OL］. 中国证券业协会，（2024-07-15）［2025-05-21］. https://www.sac.net.cn/sjb/tzzzj_799/zxhdwap/shyjzwap/202411/t20241108_66244.html.

自身的业务特点和学生的专业特长，为学生安排了涵盖证券交易员、投资顾问和分析师助理等多个关键岗位的实习机会，并为每一位学生精心挑选了一位经验丰富、业务精湛的员工担任实习导师。实习导师根据学生的具体岗位和能力水平，为他们量身定制了个性化的实习计划，并通过手把手的指导和言传身教，帮助学生逐步熟悉和掌握证券行业的核心业务流程和操作规范。通过这次实习，学生们不仅对证券行业的实际运作有了直观、深入且全面的认识和理解，还在与客户沟通、团队协作及应对复杂市场变化等方面取得了显著的进步和提升，有效地锻炼和提高了自己的沟通能力、团队协作能力及应对复杂问题的能力。

二、社会资源的引入与利用

（一）专家讲座与指导

专家讲座作为一种直接、高效且极具影响力的知识传播和经验分享方式，能够为广大学生带来最前沿的思想火花、最尖端的技术动态及最丰富的实践经验。邀请不同领域、不同学科背景的专家学者举办讲座，不仅能够极大地拓宽学生的视野，激发他们内心深处的创新思维和探索欲望，还能够为他们的学习研究提供极具价值的指导和启发，为他们在创新创业活动中明确方向。

专家讲座的主题应当涵盖社会科学、自然科学、工程技术、人文艺术等各个学科门类、各个领域的热点话题和前沿问题。无论是科技创新领域的突破性进展，如量子计算、基因编辑技术的最新研究成果；还是产业发展领域的变革趋势，如智能制造、数字经济对传统产业的冲击与重塑；抑或是社会变革过程中的深刻思考，如人口老龄化、城市化进程中的社会治理挑战；乃至文化传承领域的传承创新，如非物质文化遗产的保护与发展、传统文化在现代社会的价值与意义等，都可以成为专家讲座的重要主题。专家们可以通过一个个生动鲜活的实际案例、深入浅出的理论分析及精彩绝伦的现场演示，将那些原本复杂抽象、晦涩难懂的专业知识和前沿问题，以一种通俗易懂、形象直观的方式呈现给学生，让他们能够轻松理解、欣然接受。

一位国际知名的人工智能专家举办了一场题为"人工智能在医疗领域的创新应用与未来展望"的讲座。在讲座中，专家详细介绍了人工智能在多个医疗领域的突破性成果与创新应用，例如，在疾病诊断方面，基于深度学习算法的医学影像诊断系统已经能够实现对肿瘤、心血管疾病等的早期精准诊断；在药物研发领域，利用人工智能技术进行药物分子的设计与筛选，大大缩短了新药研发的周期和成本；在医疗影像分析方面，智能算法能够快速准确地解读 X 射线、CT 等影像，为医生提供更全面、更准确的诊断依据。通过分享这一系列最新研究成果和应用案例，让学生们深刻感受到了人工智能技术在医疗领域所蕴含的巨大潜力和广阔发展前景，激发了他们对这一前沿领域的浓厚兴趣和探索欲望。

在讲座的过程中，高校还需精心设置互动交流环节，营造一个宽松自由、畅所欲言的学术氛围，鼓励学生们积极提问、踊跃发言，勇敢地表达自己的观点和疑惑。通过与专家的面对面交流、思想碰撞，学生们能够进一步深化对讲座内容的理解和领悟，及时解决内心的困惑和疑问，也能够在这个过程中有效地锻炼自己的语言表达能力、逻辑思维能力及独立思考能力。

在一场主题为"创业创新与社会责任"的讲座中，学生们就如何在创业过程中平衡经济效益与社会效益之间的关系、如何有效应对创业过程中可能面临的各种风险和挑战、如何在创新实践中坚守道德底线和社会责任等一系列现实而又紧迫的问题，与专家进行了深入细致、热烈而富有成效的交流和探讨。现场气氛热烈非凡，学生们各抒己见、畅所欲言，专家则耐心倾听、答疑解惑，给予了学生们许多具有前瞻性、针对性和可操作性的建议和指导。通过这场别开生面的互动交流，学生们不仅对创业创新与社会责任之间的关系有了更为清晰、全面和深刻的认识和理解，还在与专家的思想交锋中，进一步拓宽了自己的思维视野，提升了自己的综合素养。

除了举办精彩纷呈的讲座，专家们还可以通过多种方式为学生的科研项目、创新创业计划及职业发展规划等提供具体而又精准的指导和建议。凭借在各自专业领域内深厚的学术造诣、丰富的实践经验及敏锐的行业洞察力，专家们能够准确地指出学生在科研创新和创业实践中所存在的问题和不足，为他们提供切实可行的解决方案和改进方向。

一位资深的创业导师对学生的创业项目进行了全面细致的评估和指导。针对学生在商业模式设计方面存在的缺陷，导师提出了优化建议，如调整营利模式、拓展收入来源渠道等；在市场推广策略的制定上，导师建议学生充分利用社交媒体、网络营销等新兴手段，提高品牌知名度和产品曝光度；在团队管理方面，导师强调了建立良好的沟通机制、明确分工职责及激励团队成员积极性的重要性，并为学生提供了一系列具体的管理方法和技巧。通过专家的悉心指导，学生们得以对自己的创业方案进行全面的优化和完善，大大提高了项目的可行性和竞争力，为项目的成功实施奠定了坚实的基础。

（二）社会资金的支持

在高等教育日益注重创新创业教育及学生实践能力培养的大背景下，社会资金在有力推动高校创新创业教育的蓬勃发展及学生实践项目的顺利开展方面，发挥着重要作用。引入社会资金所带来的影响是多维度且意义深远的，它不仅能够为学生在追求知识和实践创新的道路上提供必不可少的资金支持，解除他们在资金方面的后顾之忧，还能够在更深层次上促进高校与社会之间的紧密融合与互动交流，从而提升教育的质量和实际效果，增强高校在社会中的影响力和美誉度。

社会资金的来源渠道呈现出丰富多样、多元并存的显著特点。其中，企业捐赠作为一种常见且具有重要影响力的资金来源形式，体现了企业对教育事业的社会责任和长远战略眼光。企业可以通过捐赠大量资金设立各种形式的奖学金、创新基金等，为学生的学习和研究提供有力的经济支持。一家在全球具有广泛影响力的大型科技企业，深刻认识到科技创新人才培养对于行业发展的重要性，向一所知名高校捐赠了一笔数额巨大的资金①。这笔资金被用于设立"科技创新奖学金"，旨在奖励那些在科技创新领域展现出卓越才华和突出表现的学生个人及团队。这种方式不仅激发了学生们积极投身科技创新研究的热情和动力，还为他们提供了实实在在的经济支持，使得他们能够更加专注于科研工作，取得更多具有创新性和应用价值的研究成果。

基金会的资助也是社会资金的重要组成部分。不同类型的基金会往往基于自身独特的宗旨和目标，聚焦于特定的领域和社会问题，为相关的创新创业项目提供资金支持。一家专注于环境保护和可持续发展的公益基金会，关注到高校在环保领域的创新研究和实践探索，为高校的环保创新创业项目提供了启动资金。这使得学生们能够有充足的资源开展环保技术的研发工作，如新型可再生能源的开发利用、高效的废弃物处理技术等，并积极推动这些技术在实际中的应用和推广，为解决现实中的环境问题贡献了智慧和力量。

风险投资则是社会资金中充满活力和市场导向性的一股重要力量。对于那些具有巨大市场潜力和显著商业价值的学生创业项目，风险投资机构往往表现出浓厚的兴趣和积极的投资意愿。他们不仅为项目提供关键的资金支持，还凭借自身丰富的行业经验、广泛的人脉资源及敏锐的市场洞察力，为项目带来了全方位的资源支持，包括先进的技术指导、专业的市场推广策略及高效的运营管理模式等，有力地推动了项目的产业化和商业化进程。一家具有丰富投资经验和敏锐市场眼光的风险投资机构，对一个由学生创办的具有开创性的互联网创业项目给予了高度关注和大力支持，不仅为这个项目注入了充足的资金，同时引入了顶尖的技术专家为项目提供技术支持，帮助项目优化产品设计和提升

---

① 能动学院举行"美的空调科技创新奖学金"签约仪式［EB/OL］. 西安交通大学新闻网，（2024-09-12）［2025-05-21］. https：//news.xjtu.edu.cn/info/1219/213989.htm.

用户体验[①]。此外，该投资机构还利用自身的市场渠道和品牌影响力，为项目进行了广泛而有效的市场推广，使得项目能够在短时间内迅速占领市场，实现了规模的快速扩张和商业价值的显著提升。

一家致力于促进教育公平的基金会，为一所地处偏远地区高校的教育信息化创新创业项目提供了资金支持。学生们利用这笔资金开发了在线教育平台，为当地的农村学生提供了优质的教育资源，缩小了城乡教育差距。

一家知名的风险投资机构对一个由学生团队创建的医疗科技创业项目进行了大规模投资。除了资金投入，它还为项目团队提供了专业的医疗行业顾问团队，协助项目团队完成了产品的临床试验和市场准入工作，使项目在短时间内获得了市场的认可和大规模的订单。

在积极引入社会资金的过程中，高校肩负着建立健全完善且科学合理的资金管理机制和项目评估体系的重要责任。这不仅是对社会资金提供者的尊重和负责，更是保障资金合理使用和项目有效实施的关键所在。资金管理机制应当涵盖资金的来源、分配、使用、监督等各个环节，明确每一笔资金的流向和用途，确保资金使用的合规性、透明度和效益最大化。项目评估体系则应当综合考虑项目的创新性、可行性、社会价值、团队实力、市场前景等多个维度，运用科学的方法和严谨的标准对申请资金支持的项目进行全面、客观、公正的评估和筛选。

高校需要对社会来源资金负责、制定详细而严格的资金使用规定和报销流程。学生和教师在使用社会资金时，必须提前提交详细的预算计划，并按照规定的用途和标准进行支出。报销时，学生和教师需要提供真实、合法、有效的票据和相关证明材料，经过层层审核和审批程序后方可报销。同时，高校还要成立由财务专家、行业专家、学术权威等组成的专门项目评估小组。在评估过程中，小组对项目的技术创新性进行

---

① 研一学生要做红木家具界的京东阿里——记"万木家"的学生创业团队 [EB/OL]. 西安电子科技大学官网，（2021-11-11）[2025-05-21]. https：//www.xidian.edu.cn/info/1882/29763.htm.

深入分析，确保项目具有前沿性和突破性；对项目的可行性进行全面评估，包括技术成熟度、市场需求、资源保障等方面；对项目的社会价值进行综合考量，看其是否能够解决社会实际问题、推动社会进步；对团队的实力进行评估，包括团队成员的专业背景、实践经验、创新能力等；对项目的市场前景进行预测和分析，评估其商业潜力和可持续发展能力。通过这样严格的评估和筛选程序，高校能够确保社会资金精准地投向那些真正具有创新性、可行性和社会价值的优质项目，提高资金的使用效率和项目的成功率。

与此同时，高校还应当高度重视加强与社会资金提供者的密切沟通、深入合作和及时反馈。通过建立定期的沟通机制和信息共享平台，高校能及时向资金提供者汇报资金的使用情况和项目的进展情况，包括项目的阶段性成果、遇到的问题和解决方案等。这不仅能够让资金提供者充分了解他们的投入所产生的实际效果和社会影响，增强他们对高校的信任和支持，还能够让高校根据资金提供者的意见和建议，不断调整和优化资金使用策略和项目实施计划，提高项目的质量和效益。

高校定期组织项目进展汇报会和资金使用情况说明会，邀请社会资金提供者参加。会上，项目负责人通过详细的报告、直观的数据图表和生动的现场演示，向资金提供者展示项目的最新成果和资金的使用明细。同时，会议还要设置互动交流环节，项目负责人要认真倾听资金提供者的意见和建议，并及时给予回应和解释。此外，高校还应主动邀请资金提供者参与项目的重要决策过程，如项目的调整、优化和终止等，充分尊重他们的权利和意见。这种积极主动的沟通与合作有助于双方建立良好的合作关系，为进一步吸引社会资金投入、推动高校创新创业教育和学生实践项目的持续发展创造有利条件。

通过积极拓展与整合校外合作平台，广泛引入企业合作、丰富的社会资源及充足的资金支持，能够为高校学生打造出更为广阔的实践空间和创新资源宝库。这不仅有助于促进学生在知识、技能、思维等方面的全面发展，显著提升他们的创新创业能力和综合素质，还能够为社会源源不断地培养和输送更多具备高素质、创新精神和实践能力的杰出人才,为推动社会的进步和经济的发展作出积极贡献。

第三节 网络平台的运用与创新

一、在线课程与学习社区的建设

(一)优质课程资源的整合

在数字化浪潮汹涌澎湃、信息技术日新月异的时代,教育领域正在经历一场前所未有的深刻变革。教育资源的获取渠道已经发生了根本性的转变,不再仅仅局限于传统的实体课堂和纸质教材。网络平台以其强大的信息传播能力和资源整合优势,为广大师生开启了一扇通向全球优质教育资源的广阔大门,使得知识的传播和获取变得更加便捷、高效和多元。对于高等教育而言,精心整合网络空间中丰富多样的优质课程资源,已经成为提升教育质量、优化教学效果及培养适应时代需求的创新型人才的关键举措和重要途径。

实现优质课程资源的全面整合需要进行广泛而深入、细致而全面的搜索工作。这意味着高校的视野不能仅仅局限于国内的教育资源,还应当放眼全球,积极关注那些在国际上享有盛誉的知名高校所搭建的在线课程平台。哈佛大学的 edX 平台汇聚了来自世界各地顶尖学者的精彩课程,涵盖了人文社科、自然科学、工程技术等多个领域;麻省理工学院的 MIT OpenCourseWare 更是以其开放、共享的理念,为全球学习者提供了大量高质量的理工科课程资源。此外,高校也不能忽视那些专注于特定学科和专业领域的在线教育机构和平台。这些机构和平台往往凭借着对某一领域的深入研究和专注投入,提供更为专业化、精细化的课程内容。比如，Coursera平台上的计算机科学系列课程，由行业内的资深专家和一线从业者亲自授课，为学习者带来了最新的技术动态和实践经验；Udacity则在人工智能、数据科学等前沿领域的课程开发上独具特色，其课程内容紧密结合市场需求，注重培养学生的实际操作能力。同时，行业专家和资深从业者在网络上自行发布的课程资源也具有不可小觑的价值。这些来自实践一线的宝贵经验和独到见解，往往能够为学生提供更加贴近实际工作场景、更具实用性和针对性的知识和技能。

在收集到海量的课程资源之后，接下来的筛选和整理工作就显得尤为关键。为了确保所整合的课程资源具备高质量、高价值，高校需要建立一套科学严谨、客观公正且行之有效的评估标准体系。内容的准确性无疑是这套标准体系的基石。任何一丝一毫的错误、偏差或者误导性的信息，都有可能对学生的学习过程和效果造成难以估量的负面影响。因此，每一门拟整合的课程都应当经过严格的内容审查，确保其所传授的知识准确无误、经得起推敲和检验。

前沿性则是评估标准体系中不可或缺的重要组成部分。在知识爆炸、科技飞速进步的时代，课程内容如果不能及时反映最新的学术研究成果和行业发展动态，就难以适应时代需求，甚至会滞后于实践发展。学生们需要紧跟时代的步伐，了解最前沿的理论、技术和方法，才能在未来的学习和工作中具备竞争力。因此，我们所整合的课程应当能够展现出学科领域的最新突破和发展趋势，为学生打开一扇通向知识前沿的窗口。

实用性同样是衡量课程资源质量的关键指标之一。课程内容不能仅仅停留在理论层面，而应当与实际应用紧密结合，能够切实帮助学生解决在实际工作和生活中所面临的各种具体问题，提升他们的实际操作技能和应对现实挑战的能力。在整合计算机编程相关的课程资源时，教育者除了应传授基本的编程语法和算法知识外还需注重介绍以下实用技能，如何将编程技术应用于实际的软件开发项目及如何进行代码优化以提高程序的运行效率、如何与团队成员协作完成大型项目的开发。

以计算机科学领域为例，在整合优质课程资源时，高校可以将斯坦福大学开设的关于人工智能的前沿课程纳入其中。这门课程不仅深入探讨了深度学习的核心算法和理论，还结合了最新的研究成果和实际应用案例，如自动驾驶、图像识别、自然语言处理等，能够让学生直观感受到人工智能技术的强大魅力和广泛应用前景。同时，高校还可以引入来自知名在线教育平台Coursera上的由行业专家讲授的关于软件开发项目管理的课程。在这门课程中，专家分享自己在实际工作中的丰富经验，包括如何制订项目计划、如何进行有效的团队沟通和协调、如何应对项目中的风险和变更等，学生可以从中了解到软件开发项目从启动到交付的全过程，掌握实际工作中所需的项目管理技能。

对于金融专业，除整合耶鲁大学等知名高校的宏观经济学经典课程，让学生系统掌握宏观经济的基本理论和分析方法外，高校还可以纳入一些由金融机构资深专家分享的关于投资策略和风险管理的实战课程。这些课程结合真实的市场数据和案例，传授学生如何进行资产配置、如何识别和评估投资风险、如何运用金融衍生工具进行风险对冲等实用技巧，帮助学生在复杂多变的金融市场中做出明智的决策。

为了确保所整合的课程资源能够始终保持高质量、高水准，并与时代发展同步更新，高校需要建立一套动态、灵活且高效的监测和更新机制。这一机制应当能够定期对已整合的课程进行全面、深入的评估和审查。评估的依据可以包括学生的学习反馈、课程内容的时效性、行业发展的最新动态等多个方面。根据评估的结果，对于那些已经过时、不符合当前教学需求或者质量有所下降的课程，高校应当及时予以淘汰和替换。同时，高校还要密切关注教育领域的最新发展趋势和行业需求的变化，积极主动地寻找和补充新的优质课程资源，确保课程资源库始终保持活力、持续丰富和完善。

（二）互动交流机制的建立

在数字化教育的大背景下，互动交流机制已经成为在线课程与学习社区中不可或缺的重要组成部分，它对于提升学生的学习体验、增强学习效果及促进知识的深度理解和应用具有重要意义和价值。

互动交流机制的核心目标之一在于大力促进学生之间的紧密合作与协同学习。在信息爆炸的时代，个体的知识和能力往往具有局限性，而团队合作和集体智慧的汇聚能够产生更强的创造力和问题解决能力。通过小组讨论、项目合作等形式，学生们得以有机会分享彼此独特的观点、见解和宝贵的经验。这种形式不仅能够帮助学生从不同的视角看待问题，拓宽自己的思维边界，还能够帮助他们在共同解决问题的过程中，学会倾听他人的意见、尊重不同的观点，培养团队协作精神和沟通交流能力。在一个关于市场营销策略的在线课程中，学生们可以自由分组，针对不同品牌的营销案例展开热烈讨论。每个小组成员都可以从自己的专业背景、生活经验和市场观察出发，提出独特的营销策略和创意。通过小组内部的头脑风暴和思想碰撞，小组得以制定出一套更为全面、创新且具有可行性的营销方案。这种合作学习的方式不仅能够让学生更加深入地理解市场营销的理论知识，还能够锻炼他们解决实际问题的能力。

在线讨论区作为一种广泛应用且行之有效的互动交流方式，为学生们提供了一个随时随地表达自己想法、提出问题并获取他人反馈的开放平台。在这里，学生们不再受到时间和空间的限制，可以畅所欲言。无论是在课程学习过程中遇到的困惑，还是对于某个知识点的独特见解，学生都可以在讨论区中与其他同学和教师进行交流和分享。教师和其他同学能够及时给予回复和建议，形成一个知识共享、共同进步的良好氛围。在一个关于历史文化的在线课程讨论区中，学生们针对某一历史事件的原因和影响展开了激烈讨论。有的同学从政治制度的角度进行分析，有的同学从经济发展的层面提出观点，还有的同学从社会文化的背景进行阐述。通过这种多元视角的交流和碰撞，学生们对于历史事件的理解更加全面、深入，同时也培养了批判性思维和独立思考的能力。

视频会议则为更实时、更深入的面对面交流提供了可能。在视频会议中，学生们可以更加清晰地看到对方的表情和动作，感受到更加真实的交流氛围，从而能够更加有效地进行思想的交流和碰撞。对于一些复杂的问题或者需要深入探讨的话题，视频会议能够让学生们如同身处同一间教室一样，进行实时的互动和讨论。在一个关于艺术设计的课程中，学生们可以通过视频会议展示自己的设计作品，并听取其他同学和教师的现场点评和建议。这种直观、即时的反馈能够帮助学生更快地发现自己作品中的不足之处，及时进行修改和完善，同时也能够从他人的作品中获得灵感和启发。

为了充分激发学生们积极参与互动交流的热情和主动性，高校还可以采取一系列具有吸引力和激励性的措施。例如，对那些在讨论区中积极发言、提出有价值观点和创新性想法的学生给予额外的学分奖励。这种奖励机制不仅能够让学生们感受到自己的努力和贡献得到了认可和回报，还能激发他们更加积极地参与到互动交流中。同时，教师在课程中也应当发挥积极的引导作用，通过问题设置、小组讨论、案例分析等方式，激发学生的思考和表达欲望，营造一个活跃、积极的课堂氛围。

互动交流机制对学生的学习效果有着显著而深远的积极影响，能够极大地提高学生解决问题的能力。当面对来自不同背景、不同思维方式的同学所提出的各种观点和建议时，学生们需要学会对这些信息进行分析、筛选、综合和提炼，从而找到最为合理、有效的解决方案。这种锻炼不仅能够提升学生在学术领域解决问题的能力，还能够培养他们在未来的工作和生活中应对各种复杂问题的能力。同时，在与他人的交流和思想碰撞中，学生们的创新思维能够得到有效激发和培养。不同的观点和想法相互交织、融合，往往能够孕育出全新的思路和创意，为学生们的创新实践提供肥沃的土壤和坚实的基础。

在一门工程设计的课程中，学生们首先各自提出设计思路。然而，这些思路往往存在着一定的局限性和不足之处。通过在线讨论区的交流和小组内部的多次讨论，学生们相互借鉴、取长补短，对设计方案进行了反复的修改和完善，最终形成了一个融合多种创新元素、功能更加完善、可行性更高的设计方案，远远超出了最初的个人设想。互动交流机制不仅让学生们学会了如何在团队中协作创新，还培养了他们面对挑战时不断探索、勇于尝试的品质。

二、虚拟实践项目与模拟创业环境

（一）虚拟现实技术的应用

在科技飞速发展、创新层出不穷的时代，虚拟现实技术以其令人惊叹的沉浸式体验和逼真的模拟效果，正逐渐成为教育领域中一颗璀璨的新星，为学生们带来了前所未有的学习机遇和全新的认知方式。

在虚拟实践项目中，虚拟现实技术展现出了其独特而强大的魅力，能够为学生们精心打造出高度逼真、近乎真实的实验场景和操作环境。这种身临其境的感受让学生们仿佛置身于真实的工作场所或研究实验室，极大地增强了他们的学习体验和实践效果。在医学教育领域，虚拟现实技术为学生们创造了一个如同真实手术室般的环境。学生们佩戴虚拟现实设备，能够亲身体验手术的全过程，包括手术器械的精准操作、人体组织的细微触感以及手术过程中可能出现的各种复杂情况和紧急状况，切实感受真实手术的紧张与挑战。这种逼真的模拟不仅让学生们在安全的环境中熟练掌握手术技巧，还培养了他们的应变能力和心理素质。

在工程领域，虚拟现实技术同样发挥着重要作用。学生们可以在虚拟的施工现场进行建筑设计和施工管理，身临其境地感受建筑的空间布局、施工的流程及各种施工设备的操作。他们可以在虚拟环境中直观地看到建筑从设计图纸逐渐变为实体的过程，及时发现设计中存在的问题并进行调整，从而提高设计的质量和可行性。

虚拟现实技术的显著优势在于能够极大地增强学生们的体验感。传统的教学方式往往依赖于书本上的文字描述、静态的图片展示或者简单的视频演示，学生们难以获得直观、生动且身临其境的感受。虚拟现实技术则打破了这种局限，通过创建沉浸式的环境，让学生们仿佛亲身参与其中，更加直观、深刻地理解和掌握知识。在地理学科中，学生们可以通过虚拟现实技术穿越时空，亲身体验地球的演化过程、气候变化的影响及不同地理环境下的生态系统。这种身临其境的学习体验让抽象的地理知识变得生动形象，易于理解和记忆。

虚拟现实技术还显著提高了实践操作的安全性。在一些高风险、高危险的实践项目中，如化学实验、航空飞行训练等，学生们可以先在虚拟环境中进行反复模拟操作，熟悉操作流程和注意事项，减少在实际操作中可能出现的失误和危险情况。在化学实验教学中，虚拟现实技术可以模拟危险化学实验的操作过程。学生们可以在虚拟环境中操作实验仪器，添加试剂，控制反应条件，观察实验现象。同时系统会实时监测学生的操作步骤，给予正确的提示并纠正错误操作，避免了真实实验中可能发生的爆炸、中毒等危险情况保障了学生安全。

以建筑设计专业为例，学生们可以利用虚拟现实技术创建出自己的虚拟建筑模型，并可以在模型中自由行走、观察每一个角落，感受空间的比例和光线的效果。通过与虚拟环境的实时交互，学生能够更加直观地发现设计中的不足之处，如空间布局的不合理、采光通风的问题等，并及时进行调整和优化。这种直观的体验和即时的反馈大大提高了设计质量和效率。

（二）模拟场景的设计与效果

模拟场景的精心构思与巧妙设计乃是构建切实有效、富有价值的虚拟实践项目和模拟创业环境的核心关键环节，在这一过程中，必须严格遵循和采用一系列科学合理、系统全面的原则和行之有效的方法。

真实性无疑是模拟场景设计中居于首位且至关重要的根本原则。在模拟场景的构建中，无论是具体的环境描绘、生动的人物塑造，还是富有挑战性的任务设定等，都应当竭尽全力地贴近真实世界的实际状况。唯有如此，方能让学生产生强烈的身临其境之感，仿佛置身于真实的情境之中，在构建一个医疗急救模拟场景时，其设计不仅要精确还原医院的布局、医疗设备的摆放，还要细致刻画患者的症状、家属的情绪及医护人员的专业反应，使学生在参与模拟时能真切感受到紧张的急救氛围和巨大的责任压力。

复杂性同样是在模拟场景设计中需要审慎考虑的关键因素之一。一个优质的模拟场景不应仅仅是简单的平铺直叙，而应当蕴含丰富细节和多元变量。这样的设计能够有效地锻炼学生应对复杂多变情况的能力和随机应变的思维。举例来说，一个城市规划的模拟场景设计不仅要考虑土地利用、交通流量、基础设施建设等常规因素，还要纳入政策法规的变化、市民的不同需求、突发的自然灾害等复杂变量，让学生在面对这些复杂交织的因素时，学会综合分析、权衡利弊，从而制定出科学合理且具有前瞻性的规划方案。

可操作性在模拟场景的设计中也具有举足轻重的地位。场景的设计必须确保学生能够在其中便捷、顺畅地进行操作和交互，从而顺利实现既定的学习目标。比如，在一个金融投资模拟场景中，操作界面应当简洁明了，交易流程应当符合实际市场规则，数据反馈应当及时准确，让学生能够轻松地进行投资决策、风险评估和资产配置等操作。

依据不同的实践项目和创业需求，模拟场景可以呈现出丰富多样、各具特色的形式。在商业模拟的领域中，可以精心设计一个栩栩如生的虚拟市场环境，这个环境中既包括实力强劲、策略多变、手段多样的竞争对手，还包括需求各异、口味挑剔、喜好难以捉摸的消费者，还涉及形形色色、性格各异、合作条件和供应能力各不相同的供应商。身处这样的模拟环境中，学生不仅需要充分运用所学知识，制定精准有效的营销策略，以吸引消费者的目光，还需要精心管理财务，确保资金的合理分配和有效利用，同时进行科学合理的人力资源规划，组建一支高效协作的团队。

而在科研模拟的范畴内，可以创建一个高度仿真的虚拟实验室。在这个实验室中，学生需要独立完成一系列复杂且具有挑战性的任务，如严谨细致的实验设计，以确保实验的科学性和可行性；精确无误的数据采集，保证数据的准确性和可靠性；深入透彻的数据分析，挖掘数据背后隐藏的规律和信息等。

模拟场景对于学生实践能力和创业意识的培养具有重要作用。通过在模拟场景中的亲身实践和实际操作，学生能够将平日里在课堂上所学的理论知识，自然而然且灵活巧妙地应用于具体的实际情境之中，在这个过程中，他们解决实际问题的能力得以显著提升，决策水平也日益精进。同时，模拟创业环境能够为学生提供一个提前感受创业艰辛与挑战的绝佳机会。在这样的环境中，学生的创新意识得以激发，风险意识逐步增强，团队合作精神也在不断磨合与协作中得以培养和塑造。

在一个精心打造的模拟电商创业场景中，学生需要对市场需求进行深入细致的分析，准确把握消费者的潜在需求和流行趋势；精心挑选具有市场潜力和竞争优势的商品，以满足消费者的多样化需求；制定明智合理的价格策略，既要保证利润空间，又要具备市场竞争力；妥善处理客户的各种投诉和意见，及时改进服务质量，提升客户满意度。通过这样全方位、多维度的实践锻炼，学生不仅熟练掌握了如何运营一家电商企业的核心要领和关键环节，还在应对市场变化和客户需求的过程中，培养了敏锐的市场洞察力、快速的应变能力和出色的客户服务能力。

模拟场景的效果评估，可以从多个层面和角度展开。其中，学生参与度是一个重要的衡量指标，它反映了学生对模拟场景的兴趣和投入程度。学习成果则能够直观地体现学生在知识掌握、技能提升和思维拓展等方面所取得的实际进步。满意度则从学生的主观感受出发，反映了他们对模拟场景的设计、内容和体验的评价和认可程度。通过广泛收集学生的反馈意见，细致分析他们在模拟场景中的具体表现和所取得的丰富成果，高校能够及时发现模拟场景中可能存在的不足之处和有待改进的地方。基于这些发现，高校可以持续不断地对模拟场景的设计进行优化和完善，进一步提高自身教育价值和实际效果。

网络平台的创新运用为高校教育开辟了全新的领域，带来了前所未有的机遇和挑战。通过精心打造在线课程与学习社区，以及构建虚拟实践项目与模拟创业环境，高校能够更加精准地满足学生多元化的学习需求，为培养具备创新精神、实践能力和综合素质的高素质人才奠定坚实的基础，有力地推动高校教育向着更高质量、更具实效的方向蓬勃发展。

第六章

大学生创新项目的全过程管理与思想政治教育

在大学生创新项目的全过程管理中,思想政治教育发挥着重要作用。从项目选题到实施,再到成果评估,思想政治教育能够引导学生树立正确的价值导向,培养他们的社会责任感和创新精神。

第一节 项目选题阶段的思政引导

一、关注社会需求与价值导向

(一)社会热点问题的分析

在大学生创新项目选题初始阶段,引导学生关注社会热点问题具有重要意义。社会热点问题反映了社会发展过程中的关键矛盾和迫切需求,其涉及范围广泛,涵盖经济、政治、文化、环境、科技等多个领域,且各领域之间的热点问题相互关联、错综复杂。

当前,环境保护问题已成为全球瞩目的热点议题。在工业化与城市化快速推进的过程中，资源短缺问题日益凸显，环境污染程度不断加重，生态系统平衡面临严峻挑战，大气污染致使空气质量急剧下降，对民众的健康构成了严重威胁。细微颗粒物的弥漫不仅会损害呼吸系统，还会诱发多种慢性疾病。以水资源为例，作为生命之源，其面临过度开发与污染的双重困境。地表水资源的肆意开采导致地下水位持续下降，工业废水和生活污水的肆意排放，则让原本清澈的江河湖泊变得污浊不堪，水资源短缺的警报在许多地区拉响。固体废弃物堆积如山和处理不当，更是给生态环境施加了难以承受之重，土壤污染、水源污染等次生问题接踵而至。这些问题绝非孤立存在，它们相互交织、相互影响，不仅给当下人们的生活品质蒙上阴影，更对子孙后代的生存发展埋下了深深的隐患。

医疗健康领域的热点问题同样受到社会广泛关注。随着人口老龄化进程的加速，慢性疾病发病率持续上升。医疗资源在供需两端的失衡态势日益加剧，优质医疗资源向经济发达地区和大城市的过度集中，导致基层和偏远地区的医疗服务捉襟见肘。与此同时，医疗技术的迅猛发展在带来希望曙光的同时，也引发了一系列伦理和法律层面的深度思考。基因编辑技术，应用边界究竟何在？医疗数据安全性和隐私性如何在数字化时代得以保障？医疗服务的公平性与可及性问题始终是社会关注的焦点所在，尤其是在广袤的农村地区和贫困地区，如何确保每一位居民都能平等地享受到基本医疗保障，依然是一道亟待破解的难题。

教育公平也是一个备受瞩目的议题之一。在我国，教育资源的分配仍呈现出不均衡态势。经济发达的城市和地区汇聚了丰富的优质教育资源，从先进的教学设施到卓越的师资力量，从丰富多样的课程设置到广阔的国际交流机会。相比之下，农村和贫困地区的教育条件则相形见绌，教学设施简陋，师资力量薄弱，课程内容单一，学生们在起跑线上就已面临巨大的差距。教育资源分配不均不仅直接影响学生个体的知识获取和能力培养，更从根本上制约社会的公平正义与可持续发展，成为阻碍社会进步的重要因素之一。

在对社会热点问题展开剖析的过程中，思想政治教育会引导学生运用马克思主义系统观念考量问题多维度关联、探寻问题的根源、现状及未来的演变趋向。为此，学生需要广泛涉猎各类相关的政策文件、权威的研究报告及全面而及时的新闻报道等丰富多样的资料来源。通过对这些信息的整合与梳理，学生得以构建起对问题的宏观认知框架，从而实现对问题的全方位、多层次理解。不仅如此，学生还有必要采取更为直接和深入的调研方法，如实地考察、问卷调查及面对面的访谈等，以获取第一手信息，从而真切地感知问题在实际生活中的具体表现和民众的真实诉求。

思想政治教育中的社会调研方法教学可以帮助学生在选题时区分"伪热点"与"真矛盾"。在环境保护领域，学生要深入污染严重的区域，进行实地勘察，亲眼看到雾霾笼罩的天空，观察污水污染的河流，倾听当地居民对环境恶化的诉求。通过深入交流，学生才能切实了解居民的生活因环境破坏而发生的种种改变以及他们对改善环境的殷切期盼。对于医疗健康问题，学生则要走进医疗机构，与医生、护士、患者进行深入对话，倾听医务人员在高强度工作下的心声，了解患者在求医过程中所遭遇的困难，从而洞察医疗服务体系中存在的深层次问题。而在教育公平问题的研究中，学生要对不同地区的学校进行细致入微的比较分析。通过观察学校的硬件设施、师资配备、课程开展情况，与学生和教师交流教学和学习过程中的经历和感受，学生们才能准确地探寻教育资源分配不均的深层原因。

通过对社会热点问题的全面剖析和深入探究，学生不仅能够更加精准地把握社会的迫切需求，为创新项目的选题提供坚实而富有针对性的依据，还能够在这一过程中不断强化自身的社会责任感和使命感，深刻领悟到自己的创新成果对解决社会难题、推动社会前行的意义所在。

（二）项目的社会意义

清晰地认知并确立项目的社会意义，无疑是大学生创新项目选题过程中的关键考量。一个承载着显著社会意义的项目，不仅能够切实地化解现实中的难题，更能够释放出强大而持久的正能量，引发积极而深远的变革，有力驱动社会发展与进步。

首先，具有深远社会意义的项目往往能够精准地回应社会的急切诉求。这种问题导向的实践自觉，本质上是思想政治教育"理论联系实际"原则的生动体现：通过明确以"人民为中心"的价值立场，引导项目团队从社会主要矛盾变化中捕捉创新方向，运用马克思主义系统观念剖析问题本质。思想政治教育不仅赋予项目"察大势、谋全局"的战略眼光，更培育"接地气、解民忧"的务实作风。正是在"把论文写在祖国大地上"的思想引领下，各类创新项目得以超越技术堆砌或商业投机，成为破解社会发展瓶颈、践行新发展理念的有效载体。在能源领域，面对传统能源日益枯竭和环境压力与日俱增的双重困境，探索并开发高效、清洁且可再生的能源技术，无疑成为时代的紧迫需求。这样的创新举措不仅能够有效地缓解能源短缺的燃眉之急，还能够从源头上减轻环境污染的沉重负担，为社会的可持续发展铺设一条坚实光明的道路。同样，在交通领域，随着城市化进程的加速和人们出行需求的不断增长，交通拥堵已成为许多城市的顽疾。此时，研发一套智能、高效的交通系统便显得尤为重要。通过优化交通流量分配、提升交通运输效率、减少交通事故发生率，人们的出行将变得更加便捷、安全和舒适，城市的运转也将更加顺畅有序。针对教育资源分布不均现状，搭建便捷、开放且高质量的在线教育平台，能够突破地域和时间限制，使优质教育资源覆盖更多有知识需求的群体，有效推进教育公平，为社会培育更多的人才。

一个典型案例是关于垃圾分类的创新项目。在城市生活垃圾数量与日俱增、环境压力日益沉重的背景下，垃圾分类成为了城市可持续发展的重要举措。一个由大学生组成的创新团队[1]，经过深入的市场调研和

---

[1] 始于创新 勤于改良 成于坚持 智能垃圾分类压缩装置金奖团队如何炼成？［EB/OL］. 武汉科技大学，(2024-03-26)［2025-05-20］. https：//www.wust.edu.cn/info/1591/417622.htm.

第六章　大学生创新项目的全过程管理与思想政治教育　　149

技术研发，成功推出了一套集智能垃圾分类设备、高效回收处理系统和全民参与激励机制于一体的综合解决方案。这套方案通过运用先进的人工智能技术和大数据分析，实现了对垃圾的精准分类和高效回收利用。同时，该创新项目通过开展广泛的宣传教育活动和社区互动，提高了市民的环保意识和参与积极性，让垃圾分类成为了城市居民的自觉行动。这不仅有效地减少了城市垃圾总量，降低了环境污染，还为城市绿色发展提供了可借鉴的模式和经验，为构建美丽家园作出了积极贡献。

其次，关注社会意义的项目在促进社会公平正义方面同样发挥了重要作用。对社会公平正义的执着追求，本质上是思想政治教育"公平""共享""价值理念的实践投射：通过培育""共同富裕是社会主义的本质要求"的认知自觉，引导项目团队将创新聚焦弱势群体权益保障，运用马克思主义利益分析方法破解社会结构矛盾。思想政治教育不仅筑牢"发展成果由人民共享"的初心底色，更构建"权利平等、机会均等"的行动框架。正是在"促进社会公平正义、增进人民福祉"的思想引领下，各类项目超越单一的资源供给，成为重塑社会关系、修复发展失衡的动态调节机制。在贫困地区开展有针对性的扶贫项目，通过因地制宜发展特色产业，为当地居民创造丰富多样的就业机会，从而实现贫困群体的增收致富，缩小社会贫富差距，让每一个人都能共享社会发展成果。在法律领域，这些具有社会意义的项目可以为那些处于弱势地位、缺乏维权能力的群体提供及时、有效的法律援助服务，确保他们的合法权益在法律的天平上得到公正对待，有力地维护社会公平正义，让法律的阳光温暖每一个角落。

有一个充满激情与担当的大学生团队[①]，他们敏锐地察觉到农村留守儿童在教育和心理关爱方面所面临的巨大困境。通过深入实地调研和

[①] 山东大学：守望行动——推动教育资源跨地区流动，实现农村留守儿童精准扶智［EB/OL］.（2023-04-10）［2025-05-20］.中华人民共和国教育部官网，http://www.moe.gov.cn/jyb_xwfb/xw_zt/moe_357/jjyzt_2022/2022_zt04/dianxing/xiangmu/gaoxiao/zhishu7th/202304/t20230410_1054989.html.

与留守儿童亲密接触，他们深刻感受到这些孩子内心的孤独、迷茫和对知识的渴望。于是，他们精心策划并实施了一个基于互联网的远程支教项目。这个项目汇聚了来自全国各地的优秀志愿者，他们通过在线授课、心理辅导和定期书信交流，为留守儿童们打开了一扇通向知识和关爱的窗口。孩子们的学习成绩得到了显著提升，他们的心灵也得到了温暖和抚慰，重新绽放出自信、快乐的笑容。这个项目不仅为留守儿童们点亮了希望之光，也为社会各界关注农村教育问题树立了榜样，引发了更多人对这一群体的关心和支持，具有深远的社会意义。

再次，具有社会意义的项目还能够成为社会文化传承与创新的强大引擎。这种文化赋能效应的产生，根本上源于思想政治教育对项目价值取向的深度塑造：通过植入"中华优秀传统文化是中华民族的精神命脉"的核心理念，引导项目团队以"创造性转化、创新性发展"为方法论，在历史传承与时代创新的辩证统一中锚定坐标。思想政治教育不仅为文化项目提供"不忘本来"的根脉意识，更注入"吸收外来、面向未来"的开放思维。正是在"以文化人、以文育人"的思想引领下，各类项目得以突破简单的技艺复刻或形式创新，成为打通传统文化与现代生活、凝聚民族精神与时代价值的桥梁。在非物质文化遗产保护与传承方面中，通过开展一系列富有创意和实效的项目，让那些古老而珍贵的文化瑰宝在现代社会中焕发出新的生机与活力。这些项目不仅能够传承和弘扬古人的智慧与精神，还能够通过创新的手段和形式，让传统文化与现代生活紧密融合，创造出符合时代需求的文化产品和服务。在艺术领域，艺术家们通过创作一系列具有时代特色和深刻文化内涵的作品，丰富人们的精神世界，提升社会的文化品位和审美水平，为社会文明进步注入源源不断的动力。

总之，在选题的过程中，学生们应当牢固树立起正确的价值观和使命感，以社会价值为导向，深入思考项目的意义和潜在影响。教师和导师们也应当肩负起引导的重任，鼓励学生关注社会的真实需求，引导他们勇敢地选择那些能够为社会带来实质性改变和积极影响的项目。这样的教育和引导能够培养学生们的社会责任感和担当精神,让他们在创新的道路上始终怀揣着为社会谋福祉、为人类创造更美好未来的崇高理想。

二、培养问题意识与使命感

(一) 发现问题的能力培养

在大学生创新项目初始选题阶段,培育学生敏锐察觉和精准捕捉问题的能力是一项重要任务。这种能力是开展创新项目的基础,直接影响着项目后续的发展方向和实际价值。学生只有具备精准发现问题的能力,才能在复杂的现实情况中找到创新的切入点,为创新项目确定合理且有意义的研究方向,进而推动项目的顺利实施。

首先,培养学生养成细致入微观察生活的良好习惯,是提升其发现问题能力的重要基石。思想政治教育的价值不仅体现在理论传授中,更渗透于引导学生洞察生活、思考现实的实践过程。在思想政治教育指引下,学生们会辩证审视社会现象,从日常琐事中发现潜在问题。在充满活力的校园生活中,学生们会密切关注教学设施的使用状况和维护情况,思考如何优化设施布局以提高使用效率;深入探究课程设置的合理性和科学性,思考如何更好地满足学生的个性化学习需求;用心观察学生社团活动的组织形式和效果,思考如何提升活动的质量和参与度。在温馨的家庭生活中,学生们会留意家庭成员之间的互动模式和情感需求,思考如何营造更加和谐美满的家庭氛围;关注家庭消费的结构和习惯,思考如何实现理性消费和资源节约;观察家庭生活中的各种习惯和行为,思考如何培养健康的生活方式和环保意识。

其次,积极鼓励学生广泛参与各类社会实践活动,既是落实思想政治教育"知行合一"理念的重要途径,又是拓宽学生视野、增强对社会问题敏感度的有效途径。通过投身于志愿服务、深入社区进行调研、走进企业参与实习等丰富多样的实践形式,学生们能够亲身接触到社会的多元层面,感受到不同社会群体的生活状态和诉求,从而极大地拓宽自身视野,丰富人生阅历。在参与志愿服务活动的过程中,学生们会亲身感受到孤寡老人在精神慰藉和生活照料方面的迫切需求,或者发现贫困家庭子女在接受教育过程中所面临的重重困难。在企业实习的过程中,学生们会洞察到生产流程中存在的效率瓶颈,产品质量控制环节的潜在漏洞,以及市场需求与产品供应之间的微妙偏差。

此外,引导学生熟练运用调查研究和数据分析方法,对于发现问题具有重要意义。马克思主义认识论强调"实践—认识—再实践"的认知规律,这就要求我们教授学生辩证唯物主义方法论,引导他们掌握调查研究与数据分析等现代社会科学研究工具。通过思想政治教育强调的问题意识和价值立场,学生能够以客观理性的态度运用科学方法剖析社会现象,在数据解读中坚持实事求是原则,在问题定位中体现服务人民的宗旨。调查研究通过问卷调查、深度访谈、实地观察等多种方式,深入剖析问题表象并揭示本质。数据分析能够帮助学生从海量数据中发现隐藏的规律和趋势,从而精准定位问题的关键所在。学生们通过这些方法对某一特定地区的消费行为数据进行深入分析,揭示消费结构中存在的不合理之处,如过度消费、消费不均衡等现象;或者对某一行业的市场调研数据进行系统性研究,精准识别市场需求的空白区域和潜在发展机遇,为创新项目的选题提供有力的数据支撑。

某高校精心组织学生开展了一次针对城市交通拥堵问题的深度调研活动①。学生们不畏艰辛,深入城市大街小巷,实地考察交通流量的变化规律,精心设计并广发调查问卷,收集市民的出行需求和意见建议,与交通管理部门的专业人士和广大市民进行面对面的深入访谈。通过这一系列扎实的调研工作,学生们成功收集到了大量珍贵的第一手数据和

---

① 专为城市拥堵开"良方",宁波这所高校有个声名远播的重点实验室[EB/OL]. 腾讯新闻,(2020-06-11)[2025-05-20]. https://news.qq.com/rain/a/20200611A04DRA00.

信息。经过严谨细致的分析和研究，他们不仅深刻洞察了城市交通规划存在的不合理之处，如道路布局的缺陷、公共交通网络的覆盖不足等问题，还敏锐地发现了市民出行习惯中的一些问题，如私家车过度使用、对公共交通的认知误区等。在此基础上，学生们充分发挥自己的创新思维和专业知识，提出了一系列富有前瞻性和可操作性的改进建议和创新解决方案，为缓解城市交通拥堵问题贡献了自己的智慧和力量。

为了切实有效地培养学生发现问题的能力，学校应当积极开设一系列针对性强、实用性高的课程和培训活动，邀请业内知名专家学者亲临现场，举办讲座并提供专业指导。同时，教师在日常教学过程中，应当扮演好引导者和启发者的角色，鼓励学生大胆思考、勇于提问，积极发表自己独到见解和观点，培育学生独立思考和批判性思维的能力。

（二）对解决问题的责任感

在大学生创新项目选题阶段，着力培养学生解决问题的强烈责任感，是塑造担当精神、推动项目成功实施的关键要素。责任感能够促使学生积极主动探寻问题解决方案，确保项目在实施过程中克服困难、稳步推进，最终取得良好成效。

首先，让学生清晰地认识到自身在解决问题过程中所扮演的角色和发挥的作用，是激发其责任感的重要前提。在思想政治教育中，引导学生树立正确的自我认知观，是培育社会责任感的重要逻辑起点。马克思主义唯物史观强调人的主观能动性与社会发展的辩证统一，高校思政教育应帮助学生认识到。个人的知识技能、创新能力既是自身发展的核心素养，更是服务社会、解决现实问题的重要资本。每一位学生都拥有独特的知识储备、技能专长和创新思维，这些都是解决问题的宝贵财富。在一个旨在改善社区环境质量的创新项目中，擅长规划设计的学生可以充分施展才华，精心绘制社区改造蓝图；善于沟通协调的学生可以担当

"桥梁"角色，与社区居民进行耐心而有效地沟通，倾听他们的需求和建议，同时与相关政府部门和社会组织进行积极的协商与合作，争取更多的资源和支持；具备扎实技术功底的学生则可以专注于开发先进的环保设备和应用系统，为提升社区环境品质提供技术保障。引导学生深刻认识到自身优势和价值，有助于显著增强其解决问题的信心决心，激发其全力以赴的实践热情。

其次，培养学生的担当精神，要求他们在面对困难和挑战时，展现出无畏的勇气和坚定的决心，毫不退缩地承担起责任。思想政治教育不仅要培育责任认知，更要锤炼责任担当的实践品格。马克思主义实践观强调"艰难困苦，玉汝于成"的意志磨砺，高校应通过理想信念教育、挫折教育等思政教育，引导学生将担当精神内化为面对困难时的行动自觉。在项目实施过程中，团队不可避免地会遭遇各种意想不到的艰难险阻，如技术难题困扰、资金短缺压力、团队成员之间意见分歧冲突等。在这些关键时刻，学生们应当挺身而出，以果敢的姿态积极寻找化解危机的途径和方法，凭借顽强毅力和智慧带领团队，攻克一个又一个难关推动项目朝着既定目标迈进。

最后，引导学生树立社会服务意识，让他们深刻理解解决问题不仅仅是为了个人的荣誉和利益，更是为了回馈社会、造福大众。通过将社会主义核心价值观融入问题解决过程，学生能够在实践中体会到，每一项创新举措的价值应最终体现在对他人生活的实质改善、对社会运转的积极促进上，从而在更高维度上理解个人行动与社会进步的内在关联。

为了有效地培养学生的责任感，教育者可以采用多样化的教育方式，如案例分析、榜样示范、实践锻炼等。成功解决社会重大问题典型案例的剖析，可以帮助学生们汲取其中的智慧和经验；在社会责任担当方面表现卓越的人物的分享和交流，可以为学生们树立学习楷模和榜样；同时，在项目实施过程中，教育者还要给予学生充分的信任和自主决策的权力，让他们在实际工作中接受磨砺和考验，逐步提升自身的责任感和使命感。

第六章　大学生创新项目的全过程管理与思想政治教育　　155

在一次突发自然灾害面前，大学生自发组织起来，迅速投入到紧张有序的救援行动中。他们不辞辛劳，日夜奔波，全力筹集急需的物资和资金，精心安排受灾群众的临时安置点，为受灾群众提供温暖住所和基本生活保障。同时，大学生还发挥自己的专业优势，为受灾群众提供及时有效的心理疏导和重建指导，帮助他们尽快走出灾难阴影，重拾生活信心。在这个艰难过程中，学生们深刻体会到了自己肩负的责任使命，他们的勇敢担当和无私奉献不仅赢得了社会各界的广泛赞誉，还在自己的成长道路上留下了一段难以磨灭的光辉篇章。他们在实践中锻炼了自己解决复杂问题的能力，培养了坚韧不拔的意志品质和团结协作的合作精神，为未来的发展奠定了坚实的基础。

总之，在大学生创新项目选题阶段，思想政治教育通过筑牢马克思主义理论根基，引导学生在社会需求中锚定个人价值坐标，在科学方法训练中培育问题意识，在责任担当锤炼中强化实践品格。这种将理想信念教育、方法论培养与社会责任养成相融合的引导体系，不仅使学生在选题时具备洞察社会痛点的敏锐视角，更赋予其攻坚克难的内生动力——既以辩证唯物主义认识论指导调查研究与数据分析，又以"服务人民、奉献社会"的价值立场校准创新方向，最终形成"发现问题有深度、解决问题有担当、成果转化有温度"的良性创新生态。这种源自思政教育的精神赋能与方法支撑，正是确保创新项目行稳致远、实现社会价值与个人成长双赢的关键基石。

第二节　项目实施阶段的思想动态关注与支持

大学生创新项目实施阶段往往充满挑战与不确定性，学生们可能面临实施过程中出现的各类复杂问题。在此阶段，密切关注学生思想动态并提供全面有力的支持至关重要。

一、克服困难中的意志磨炼

（一）心理辅导与鼓励

在项目推进过程中，学生可能会遇到多种压力与挫折：实验多次未能达到预期效果，容易产生失落与迷茫情绪；面对复杂技术难题长期无法突破，可能引发焦虑与挫败感；团队成员在理念、方法或分工上的分歧，若处理不当会引发内部矛盾，导致项目进度受阻并滋生不安情绪。这些负面情绪若不及时引导化解，不仅可能成为项目推进的障碍，还可能影响学生身心健康。

思想政治教育的育人功能不仅体现在理论传导层面，更需转化为解决学生现实困惑的实践支撑，既通过专业心理辅导帮助学生建立理性应对压力的认知框架，又借助价值引导功能，培育学生"越是艰险越向前"的意志品质和"在挫折中成长"的辩证思维，使外部支持转化为内生精神力量。学校应当积极为学生们搭建起专业心理咨询服务平台，邀请经验丰富的心理咨询师为学生们提供一对一的辅导服务。心理咨询师们会运用专业的知识和技巧，帮助学生们深入剖析其所面临的压力源头，引导他们逐步认清自身情绪的产生机制和发展脉络。心理咨询师们还会向学生们传授一系列行之有效的情绪调节方法，比如通过深呼吸来平复紧张的神经、借助冥想进入内心的宁静世界、运用积极的自我暗示来重塑信心和勇气。

鼓励作为重要的支持手段，能够有效缓解学生的负面情绪，增强其克服困难的信心和持续投入的动力。导师和团队成员们应当始终保持敏锐洞察力，看到学生们的努力和付出，并给予真诚热烈的肯定和赞扬。让学生们深切地感受到自己的每一分耕耘都没有被忽视，每一滴汗水都没有白流。同时，要让他们清晰地认识到，挫折并非失败的终结，而是成长之路上不可或缺的宝贵磨砺，每一次困难都是他们实现自我超越、迈向成功的必经阶梯。

（二）挫折教育的融入

思想政治教育注重从历史经验与实践智慧中汲取育人资源，通过典型案例的示范引领培育学生的抗挫折能力和辩证思维。思想政治教育的案例教学法可以将真实项目中的挫折历程转化为鲜活的育人素材，引导学生在剖析成败得失中理解"困难是成长的磨刀石"的深刻内涵，树立"问题解决必然经历曲折"的理性认知，从而在精神层面筑牢应对挑战的思想根基。将挫折教育融入项目实施阶段不仅意味着要让学生们在思想上提前做好迎接各种困难和挫折的准备，更要引导他们树立起一种积极健康、理性平和的心态来正视挫折，将其视为成长过程中的宝贵财富和难得机遇。

首先，可以精心组织学生们进行深入细致的案例分析。选取那些在相关领域取得显著成就的成功项目作为研究对象，深入挖掘它们在实施过程中所遭遇的种种艰难险阻及挫折困境。通过对这些案例全面剖析，学生们能清晰地看到，即便是那些最终光芒四射的项目，也曾在黑暗中摸索徘徊，也曾经历过无数次的失败与挫折。同时，从中汲取他们在面对挫折时所采取的智慧策略和巧妙方法，为自己未来的实践提供有益的借鉴和启示。

一项在医疗领域引起轰动的创新药物研发项目也曾遭遇过临床试验失败、资金短缺、技术瓶颈等一系列重大挫折[①]。然而，研发团队始终没有放弃，他们在挫折中不断总结经验教训，调整研究方向，优化实验方案，最终成功推出了一款具有突破性疗效的新药，为无数患者带来了希望。通过这个案例分析，学生们能够深刻体会到挫折并不可怕，关键在于如何从挫折中汲取力量，调整策略，勇往直前。

---

① 从被逼破产到股价大涨3000%，这家Biotech凭什么让吉利德花310亿[EB/OL]. 今日头条，（2024-04-28）[2025-05-20]. https：//www.toutiao.com/article/7362781427508806198/? upstream_biz=douban&source=m_redirect&wid=1747724639448.

同时，教育者还要让学生们在项目实践中亲历挫折，并在这个过程中得到切实有效的引导和启发。当学生们真正面对挫折时，鼓励他们保持冷静沉着的心态，运用理性思维深入分析问题的本质和根源，引导他们不被表面现象所迷惑，而是透过现象看本质，准确地找出问题的关键所在。同时，激励他们充分发挥自己的创造力和想象力，积极探寻解决问题的多元途径和创新方法。

在一个软件开发项目中，学生们在关键代码编写阶段遇到了一个极其顽固的漏洞，无论如何努力都无法成功修复，这使得项目进度严重受阻，团队成员们的压力骤增。此时，导师并没有直接给出解决方案，而是引导学生们重新审视整个代码架构，从系统设计的角度去思考漏洞产生的深层次原因。在导师的启发下，学生们经过反复探讨和尝试，最终发现是前期对需求的理解偏差导致了代码逻辑的错误。通过这次挫折经历，学生们不仅学会了更加严谨细致地进行需求分析和代码设计，还在面对困难时培养了独立思考和解决问题的能力，使他们在后续的开发过程中变得更加成熟自信。

二、团队协作中的人际关系处理

（一）沟通与协调技巧

思想政治教育始终将培养学生的协作能力与集体意识作为重要目标，而沟通能力正是践行这一目标的核心载体。马克思主义哲学强调人的社会性本质，这决定了团队协作中有效沟通既是解决问题的实践方法，更是培育集体主义价值观的重要路径。良好的沟通不仅是信息传递的技术手段，更是尊重他人、服务集体的价值体现，可以在思想层面树立"倾听—表达—协调"的良性互动理念，为团队协作奠定认知基础。在项目实施的复杂过程中，团队成员之间高效、顺畅且富有成效地沟通与协调，直接决定着项目能否成功抵达彼岸。良好的沟通能够有效消除团队的误解和冲突，确保信息快速准确传递并达成思想行动共识；能够激发成员的创造力和积极性，形成强大工作合力，进而显著提升工作效率和质量。

首先，教导学生学会倾听是构建良好沟通的基石。倾听不仅仅是简单地用耳朵接收对方的声音，更是要用心去感受、去理解对方的观点、情感和需求。在团队讨论的热烈氛围中，学生们需摒弃浮躁和急切的心态，耐心而专注地倾听他人的意见和想法，给予对方充分表达的空间和尊重，不随意打断、不急于反驳，而是用心去捕捉每一个细节和要点。

其次，清晰、准确且富有感染力地表达自己的想法是沟通中的重要环节。学生们需要学会运用简洁明了、通俗易懂的语言来阐述自己的观点和见解，避免使用模糊不清或者容易产生歧义的词汇和语句。同时，学生们要注重语言的逻辑性和条理性，按照一定的顺序和结构进行表达，使自己的想法能够准确无误地传递给对方。

此外，协调团队成员工作是确保项目高效推进的关键。这要求项目负责人具备敏锐的洞察力和出色的组织能力，能够根据团队成员的专业特长、技能水平和性格特点，进行科学合理的任务分配。让每个成员都能在自己擅长的领域发挥最大的优势，实现人尽其才、才尽其用。同时，项目负责人要建立起一套行之有效的反馈机制，定期与团队成员进行沟通交流，及时了解他们的工作进展情况、遇到的困难和问题，并给予相应的支持和指导。

在一个旨在推动城市可持续发展的商业策划项目中，团队成员们围绕着市场调研方案展开了激烈的讨论。在讨论过程中，各方观点层出不穷，一时间争论不休。然而，通过倾听和理解彼此的观点，学生们逐渐发现了其中的共通之处和互补之处。最终，他们成功地整合了各方的优势和建议，制定出了一个兼具创新性和可行性的市场调研方案。在项目的执行阶段，项目负责人定期与成员们进行沟通，详细了解他们的工作进展情况。当发现部分成员在数据收集方面遇到困难时，负责人迅速协调资源，为他们提供了必要的技术支持和培训指导。通过这种及时有效的沟通与协调，确保项目的各项工作能够紧密衔接、有序推进，最终按时完成了预期的目标。

（二）合作精神的培养

思想政治教育作为塑造集体价值观的核心载体，始终将培育团队合作精神视为落实立德树人根本任务的重要维度。团队合作不仅是项目实施的技术要求，更是社会主义所倡导的集体主义精神的实践彰显，可以帮助学生在项目实践中构建"共担责任、共享智慧、共创价值"的协作认知框架。团队合作精神是推动项目不断前进的核心动力。培养学生们的合作精神，需要让他们从内心深刻领悟团队力量远远大于个体力量之和，只有通过相互之间紧密协作、优势互补，才能够在复杂多变的环境中攻克一个又一个难关，实现共同目标和愿景。

丰富多彩的团队建设活动可以增强团队成员之间的信任、理解和默契。比如开展充满挑战和趣味的户外拓展训练，让成员们在共同完成诸如攀岩、绳索挑战、团队拔河等任务的过程中，亲身感受到彼此之间相互支持、相互依靠的重要性。这些活动能够打破成员之间的隔阂和陌生感，迅速拉近彼此距离，营造团结友爱、互帮互助的良好氛围。

同时，在项目伊始，团队就应树立一个清晰明确、凝聚人心的共同愿景和目标，并将其细化分解为一系列具体可行的阶段性目标和任务，让每个成员都能够清晰地了解自己的工作在整个项目中的定位和价值，明确自己的努力对于实现团队目标的重要贡献。这可以极大地激发成员们的工作积极性和主动性，使他们在工作中充满使命感和责任感。

当团队成员之间不可避免地出现矛盾和分歧时，项目负责人要引导他们以平和理性、开放包容的心态进行坦诚沟通和交流，鼓励他们摒弃个人成见和偏见，站在团队整体利益高度，共同寻求能够实现双赢甚至多赢的解决方案。强调在合作过程中，要始终尊重他人的个性和意见，珍惜他人劳动成果，学会相互欣赏、相互支持和相互帮助。

在一个文化创意项目中，团队成员们在作品的风格定位上产生了严重分歧。一方主张追求传统经典风格，另一方倾向于现代时尚表现形式。双方各执己见，互不相让，一度使项目陷入僵局。在这个关键时刻，项目负责人多次组织会议沟通，引导双方成员充分阐述自己的设计理念和创意来源。经过反复交流和碰撞，大家逐渐发现，其实两种风格并非完全对立，而是可以相互融合、相得益彰。最终，团队成员们达成了共识，将传统元素与现代手法巧妙结合，打造出了一个既蕴含深厚文化底蕴又富有时代气息的独特作品。这次经历不仅让团队成员们深刻体会到了合作的魅力和价值，也极大地增强了他们在未来项目中继续携手合作的信心和决心。

总之，在大学生创新项目实施阶段，密切关注学生们的思想动态，为他们提供及时有效的心理辅导和挫折教育，培养他们良好的沟通协调技巧和团队合作精神，能够帮助学生们更加从容自信地应对各种挑战和困难，有力推动项目沿着既定轨道顺利前行。同时，这一过程也将极大地促进学生们个人成长和综合素质的全面提升，为他们未来的职业发展和人生道路奠定坚实的基础。

第三节 项目成果评估阶段的思政考量与反馈

在大学生创新项目成果评估阶段，思政元素的有机融入与全面深入的反馈机制具有独特而重要的意义。前者通过价值引领保项目评价的思想深度，后者通过系统性总结为实践改进提供行动指南。

一、成果的社会效益评价

（一）对社会发展的贡献评估

对大学生创新项目成果进行评估时，将其社会贡献作为核心评估指标并开展系统严谨的评价，是落实思政教育价值导向的重要环节。评估工作需以宏观视野统筹考量、以多维角度综合分析、以精准标准科学度量，全面梳理项目在服务社会需求、推动文明进步、促进民生改善等方面的实际成效，从而准确把握成果的真实价值与社会影响力，确保创新实践始终与国家发展同向、与人民需求共振。

首先，在经济领域，需要深入探究项目成果是否为产业升级与转型注入了强大动力。一个由大学生团队精心研发的智能化工业生产管理系统①，通过引入先进的数据分析和自动化控制技术，显著提高了生产流程的效率和质量，降低了生产成本，优化了资源配置，从而推动了整个行业从传统劳动密集型向技术密集型转变。这种创新成果不仅为企业创造了更高的经济效益，还吸引了更多投资和人才流入，带动了相关产业链协同发展，为区域经济繁荣作出了积极贡献。

同时，需要关注项目成果是否创造了新的就业机会。一个基于互联网共享经济平台的创新项目，不仅自身需要大量的技术开发、运营管理和市场营销人员，还带动了周边服务行业的发展，催生了诸如物流配送、客户服务、数据分析等一系列新兴职业，为社会提供了丰富多样的就业选择，有效地缓解了就业压力。

此外，项目成果是否提高了生产效率和经济效益也是重要的考量指标。一个关于农业科技创新的项目，研发出了一种高效的农业种植技术，大幅提高了农作物产量和品质，同时减少了资源浪费和环境污染，实现了农业生产的绿色可持续发展，从根本上提升了农业经济效益和竞争力。

其次，在社会文化领域，项目成果对丰富人们精神生活、促进文化传承与创新，以及增强社会凝聚力和认同感方面的作用是评估时需要考虑的重要因素。一个由大学生发起的民间艺术复兴项目②，通过深入挖

---

① 从"志"凿到"智"凿——高职学子用自身所学为安全绿色高效凿岩贡献青春力量 [EB/OL]. 湖南工业职业技术学院，（2024-08-19）[2025-05-20]. http://www.hunangy.com/info/1021/16519.htm.
② 西安美院师生用数字化创作传承非遗之美 [EB/OL]. 西安美术学院，（2024-06-13）[2025-05-20]. https://www.xafa.edu.cn/info/2487/123241.htm.

掘和整理当地濒临失传的传统民间艺术形式，如剪纸、木雕、戏曲等，并结合现代艺术表现手法和传播渠道，将这些珍贵的文化遗产重新呈现在大众面前。这不仅让古老的艺术形式焕发出新的生机与活力，满足了人们对传统文化的审美需求和精神追求，还激发了社会大众对本土文化的自豪感和归属感，促进了社会文化的多元融合与共同发展。

在教育领域，项目成果是否为教育教学带来了新的方法和工具，是否有力地促进了教育公平的实现，是否显著提升了学生的综合素质和创新能力，是评估的重点。一款由大学生团队开发的在线教育平台，整合了优质教育资源，打破了时间和空间的限制，让身处不同地区、不同背景的学生都能够享受到平等、优质的教育服务。同时，该平台还通过智能化学习管理系统和个性化学习路径推荐，激发了学生的学习兴趣和自主学习能力，培养了他们创新思维和实践能力，为教育现代化发展提供了有力支持。

另外，在环境领域，项目成果对资源节约和环境保护的贡献，以及对可持续发展理念的推动在评估中至关重要。一项关于城市垃圾分类与资源回收利用的创新项目，通过研发智能化垃圾分类设备和建立高效回收处理体系，极大地提高了垃圾分类准确率和资源回收利用率，减少了垃圾填埋和焚烧对土地和空气的污染，为建设绿色、低碳、美丽的城市环境作出了积极贡献。

（二）可持续性影响分析

马克思主义发展观要求创新实践成果评估必须兼具现实关怀与历史视野，既要立足当下审视社会贡献，更要着眼长远考量可持续影响。这种融入思政元素的评估导向要求除了对项目成果在当下社会发展中所产生的直接贡献进行评估，还需要以长远眼光和前瞻性思维，对其可持续性影响进行深入、透彻分析。这意味着不仅要评估项目成果在当下价值和效果，还要预测其在未来较长时间内的潜在价值、影响力及适应社会变化发展的能力。

一方面，要思考项目成果所采用的技术和理念是否具有足够的前瞻性和创新性，能否在未来不断演进的科技浪潮和社会发展进程中保持强大的竞争力和良好的适应性。一个基于区块链技术的供应链管理系统，在当下有效地解决了信息不对称、信任缺失和交易效率低下等问题。然而，随着区块链技术的快速发展和应用场景的不断拓展，该系统是否能够持续升级和优化，以应对未来更加复杂多变的供应链需求和安全挑战，是其可持续发展的关键所在。

另一方面，要仔细分析项目成果的推广应用前景。这包括评估其是否易于被社会大众广泛接受和采用，是否存在政策、经济、技术等方面的障碍和限制。一种新型清洁能源技术，虽然在理论上具有很高的效率和环保优势，但如果其成本过高、基础设施建设不完善或者政策支持力度不足，可能会严重制约其在市场上大规模推广和应用。

同时，还要深入探讨项目成果对社会观念和行为模式所产生的长期影响。一个旨在倡导绿色生活方式的创新项目，通过开展一系列宣传教育活动和社区实践，在短期内促使部分居民改变了消费习惯和出行方式。但更重要的是，这种倡导能够逐渐形成一种深入人心的社会共识和文化价值，从而长期引导人们形成绿色、低碳、可持续的生活方式和消费观念，对整个社会的发展模式和生态环境产生深远持久的影响。

二、经验总结与思想政治教育反思

（一）成功与失败的原因总结

在项目成果评估阶段，全面深入地总结项目成败原因并进行客观分析，具有不可忽视的重要意义。这种基于实事求是原则的经验提炼是对实践过程的理性复盘。系统梳理成功经验的内在逻辑、精准定位失败问题的关键症结，既能为当前项目的改进优化提供行动指南，更能为后续

第六章 大学生创新项目的全过程管理与思想政治教育

创新实践积累可复制的方法论财富，使评估过程成为培育学生科学思维与问题解决能力的重要课堂。

对于那些取得显著成功的项目，需要进行全面深入剖析，以准确识别其背后成功因素，如明确且极具前瞻性的目标设定。一个成功的生物医学研究项目，其团队在项目启动之初，就确立了攻克某种疑难病症的治疗方法这一清晰高远的目标，这为整个研究工作指明了方向。

科学合理且具有高度灵活性的项目规划也是成功的关键因素之一。一个关于智慧城市建设的项目，在规划阶段充分考虑了城市发展现状、未来需求及技术可行性，制订了详细周全的实施计划，并根据实际情况及时调整和优化，确保了项目的顺利推进。

高效、和谐且充满创新活力的团队协作同样不可或缺。在一个跨学科的科技创新项目中[1]，来自不同专业背景的成员之间能够充分发挥各自优势，相互学习、相互支持，形成了强大团队合力，共同攻克了一个又一个技术难题。

创新技术或方法的应用往往能够为项目带来独特竞争优势。比如，在一个软件开发项目中[2]，团队采用了一种全新算法架构，大幅提高了软件性能和用户体验，从而使产品在市场上脱颖而出。

对市场需求的精准把握则是项目成功的重要保障。一个成功的创业项目团队通过深入的市场调研和用户需求分析，准确定位了目标客户群体，开发出了符合市场需求的产品或服务，并迅速占领了市场份额。

对于那些遭遇挫折甚至失败的项目，同样需要以客观、公正且勇于自我反思的态度进行深入剖析，找出导致失败的根本原因。这可能包括项目目标模糊不清或不切实际。一个创业项目在启动时没有明确的商业

---

[1] 广州这所职院"智造"的运动鞋，藏着多少黑科技？[EB/OL]. 今日头条，(2025 – 05 – 12) [2025 – 05 – 20]. https://www.toutiao.com/article/7503560244589560347/?upstream_biz = doubao&source = m_redirect&wid = 1747740054672.
[2] 天大医工院牵头研发我国首个脑机接口综合性开源软件平台 [EB/OL]. 天津大学，(2022 – 11 – 21) [2025 – 05 – 20]. http://www.tju.edu.cn/info/1026/6938.htm.

模式和盈利途径，导致在项目推进过程中迷失方向，最终无法持续运营①。

技术方案不成熟或不可行也是常见的失败原因之一。一个科研项目由于在实验设计阶段对技术难度估计不足，实验结果无法复现，无法达到预期的研究目标。

资源配置不合理会严重影响项目的进展和效果。一个文化活动项目在资金分配上过于偏向前期宣传，而忽视了活动内容的策划和执行，导致活动质量不高，未能达到预期的社会影响力。

团队沟通不畅、协作不力会导致工作效率低下和内耗增加。在一个团队合作项目中，成员之间缺乏有效沟通和信任基础，导致信息传递不及时、任务分配不明确，最终项目进度严重滞后。

风险管理不到位，对可能出现的风险和问题缺乏足够预见和应对措施，也可能导致项目失败。一个工程项目在施工过程中遭遇了自然灾害，由于事先没有制定相应的应急预案，导致损失惨重，无法按时完成项目②。

通过对成功与失败原因的全面总结和深入分析，学生能够以更加清醒的头脑和更加成熟的心态，清晰地认识到自己在项目实施过程中的优点和不足，从而在未来的学习和实践中不断改进和提升自己的能力。

（二）思想政治教育的改进措施

在对项目成果进行全面评估过程中，教育者同样需要对思想政治教育在项目实施过程中的实际效果进行深刻反思，并在此基础上提出具有针对性、可操作性的改进措施。

首先，要认真评估思想政治教育在培养学生社会责任感、创新精

---

① 2024，那些陨落的创业公司［EB/OL］.新浪财经,（2025-01-22）［2025-05-20］.https：//finance.sina.com.cn/roll/2025-01-22/doc-inefvuvy8783725.shtml.
② 洪水撕开的工程真相：桂林在建桥墩倒塌背后的安全拷问［EB/OL］.今日头条,（2025-05-20）［2025-05-20］.https：//www.toutiao.com/article/7506328638279847983/?upstream_biz=doubao&source=m_redirect.

神、团队合作意识和职业道德等方面的实际成效。如果发现学生在这些关键素养方面存在不足，就需要深入思考如何进一步优化思想政治教育的内容和方法，以更好地满足学生在个人成长和职业发展过程中的核心需求。

在思想政治教育中引入更多具有时代特色和现实意义的实际案例，学生通过具体、生动且贴近生活的案例，深刻理解社会责任感的内涵和重要性。通过分析一些成功企业在履行社会责任方面的实践经验，如积极参与公益事业、推动可持续发展等，学生从中明晰企业不仅要追求经济利益，还要关注社会和环境效益。

定期开展专题讲座和小组讨论，邀请业内专家、学者和成功人士分享创新经验和心路历程，激发学生的创新思维和勇气，培养他们敢于突破传统、勇于探索未知的精神。

组织丰富多彩的团队建设活动，如户外拓展训练、团队合作竞赛等，让学生在实践中亲身体验团队合作的重要性，学会倾听他人意见，尊重团队成员的个性和差异，提高团队沟通和协作能力。

加强职业道德教育，通过真实的职业场景模拟和案例分析，引导学生树立正确的职业价值观和道德观，培养他们的诚信意识、敬业精神和职业操守。

其次，要密切关注思想政治教育与专业教育的融合程度和效果。思想政治教育是否有机融入项目各个环节，学生在学习专业知识和技能的过程中，是否潜移默化地接受了思想政治教育的滋养和熏陶，这些都是需要认真思考和评估的重要问题。

如果发现思想政治教育与专业教育的融合不够紧密、不够自然，就需要积极探索更加有效的融合方式和途径。在课程设计中，教育者可以将思政元素巧妙地融入专业课程的教学目标、教学内容和教学方法中，通过案例分析、项目实践、小组讨论等方式，让学生在解决专业问题过程中，自然而然地思考其中所蕴含的思政道理。

在项目指导过程中，导师可以结合项目的具体内容和进展情况，适时地引入思想政治教育的观点和理念，引导学生从社会价值、道德伦理等多个角度去思考和解决项目中遇到的问题，培养学生的综合素养和社会责任感。

同时，还要不断思考如何提高思想政治教育的针对性和实效性，确保思想政治教育能够真正地深入人心，取得实效。

这就要求根据不同专业、不同项目的特点及学生的个体差异，制定个性化、精准化的思想政治教育方案。对于理工科专业的学生，可以结合其专业课程中的科技创新案例，强调科技创新与社会责任的紧密联系，培养学生在追求技术进步的同时，关注技术应用对社会和环境的影响。

对于文科专业的学生，可以引导他们通过社会调研、文化研究等活动，关注社会问题，培养他们的人文关怀和社会担当精神，鼓励他们用所学知识为社会发展进步贡献力量。

总之，在大学生创新项目成果评估阶段，将思政考量有机地融入其中，通过对项目成果的社会效益评价和经验总结反思，不断完善思想政治教育体系，创新思想政治教育方法，提高思想政治教育质量，能够为培养具有高度社会责任感、创新精神和实践能力的高素质人才发挥积极作用，为社会发展进步输送源源不断的有生力量。

第七章

思创融合教育实践中的挑战与应对策略

在思创融合教育与实践的过程中,面临着观念层面的挑战、师资队伍建设的挑战及资源整合与保障的挑战。树立正确融合教育观念、加强师资队伍建设和拓展资源整合,可以有效地应对这些挑战。

第一节 观念层面的挑战与转变

思创融合教育作为一种倡导公平、包容和多元的教育理念与实践模式,正逐渐引起广泛的关注和探讨。然而,在积极推进思创融合教育的过程中,观念层面面临的诸多挑战严重制约了其全面推广与深入实施。因此,正确认识并积极应对观念层面的挑战,对切实推动思创融合教育发展、实现教育公平、优质具有关键意义。因此,正确认识并积极应对观念层面的挑战,对切实推动思创融合教育发展,实现教育公平、优质具有关键意义。

一、对融合教育的认知误区

（一）常见的误解与偏见

在创新创业教育与思想政治教育融合实践的推进过程中，社会各界尤其是高校、教育工作者、学生群体中，普遍存在对二者融合的认知偏差。这些误解与偏见集中体现为三重困境，深刻制约着思创融合教育的深层推进。

一是重技能培养轻价值引领。部分高校管理者与教师将创新创业教育窄化为创业技能培训体系，视其核心目标为商业策划、市场运营等实操能力提升，而将思想政治教育局限于意识形态理论课程范畴，忽视二者在人才培养中的共生逻辑。这种认知误区的本质，是将创新创业教育等同于工具理性训练，将思想政治教育简化为价值理性灌输，导致二者在培养方案中形成平行叙事。其直接后果是教育目标的功利化倾斜：学生在能力建构中缺乏社会责任锚点，在价值形成中缺失实践转化路径，最终导致"重技术轻伦理""重营利轻责任"的单向度发展倾向，背离了创新人才培养中"能力塑造与价值引领同构"的本质要求。

二是个性化发展与集体价值的二元对立。创新创业教育强调批判性思维、个性表达与风险担当，思想政治教育侧重集体主义、社会规范与责任意识，二者的文化特质差异被部分师生误读为目标对立。这种认知偏差的根源，在于将个性化发展窄化为个体利益追逐，将集体主义片面诠释为对个性的约束，忽视了创新创业本质上是"个人创造力与社会需求的动态耦合"。由此引发的实践困境表现为：学生在创新实践中偏向短平快的商业项目，对关涉国家战略、社会公益的选题缺乏价值认同；教师担忧思政元素的融入会抑制创新活力，未能认识到正确价值观对创新方向的锚定作用。

三是融合实践的表层化与工具化倾向。在政策推动下，部分高校将思创融合教育简化为"课程加案例""活动贴标签"的机械操作，未能把握思创融合教育的深层逻辑，即思政元素与创新创业教育在目标、内容、方法上的有机共生。这种表层化理解表现为：课程建设中仅在知识模块外部附加思政案例，未将职业道德、伦理责任等价值要素融入创新思维训练、项目可行性分析、团队风险管理等核心环节；实践活动中过度追求形式创新，忽视"价值引领—能力培养—实践转化"的闭环建构，导致思创融合教育沦为外源性装饰而非内生性要素。

（二）根源与影响

上述误解与偏见的形成具有复杂的历史、社会与理论根源，集中体现为三重深层矛盾：一是教育传统的路径依赖困境。我国高等教育长期存在"专业教育与通识教育失衡""技能培养与价值塑造割裂"的结构性问题。创新创业教育早期移植欧美创业孵化模式，形成以技术转化、商业成功为导向的实践范式；而思想政治教育则延续传统理论教学体系，侧重意识形态的系统性灌输。两种教育范式在目标定位、教学方法、评价标准上的分野，导致融合初期出现"理念冲突"，前者强调实践导向的工具理性，后者坚守价值导向的目的理性，二者在人才培养中的共生逻辑未得到有效建构，形成"双轨并行"的教育生态。二是社会价值观的功利化传导机制。市场经济环境下，社会对人才的评价体系呈现显著的功利化倾向，经济效益指标（如创业项目估值、就业薪资水平）成为核心考量。这种外部导向反向塑造教育目标，使得高校与学生更关注短期可见的技能提升，而忽视长期价值养成。教育场域内的评价标准与社会需求形成"路径锁定"，导致思创融合教育中"价值引领"维度被工具化矮化，形成"重技能轻伦理"的认知偏差。三是思创融合教育理论建构的滞后性。当前思创融合教育的理论体系尚未成熟，缺乏统摄性的概念框架与实践模型。既有研究多停留在经验总结层面，未能从学理上厘清思想政治教育与创新创业教育的内在逻辑关联。理论供给的不足导致实践操作出现认知混乱，部分教育主体将思创融合教育等同于"课程拼盘"或"活动嫁接",忽视了在培养目标、课程体系、教学方法上的系统性重构,陷入"形合神离"的实践困境。

上述误解和偏见对思创融合教育的健康发展造成系统性阻碍,具体表现为以下负面效应:一是人才培养的结构性失衡风险。过度侧重创业技能而忽视价值引领,导致学生能力发展与素养养成的割裂。受工具理性思维主导,部分学生在创新实践中展现出较强的市场分析、资源整合能力,但在面对技术伦理、商业道德、社会责任等问题时,缺乏必要的价值判断与行为自觉。这不仅违背"立德树人"的教育本质,更可能培养出潜在风险群体,削弱创新人才的社会适应性与发展可持续性。二是教育生态的割裂与内耗效应。观念分歧导致高校内部资源配置与组织协同的低效化。创新创业教育与思想政治教育分属不同教学体系,在课程设置、师资建设、实践平台上存在制度性壁垒。前者依赖产教融合的实践教学体系,后者依托理论教学的学科建制,二者在跨学科教研、协同育人项目上难以形成合力。这种割裂状态造成教育资源的重复建设与隐性浪费,制约思创融合教育的深度推进。

二、树立正确的融合教育观念

(一)宣传与推广

为了有效地消除对思创融合教育的误解和偏见,广泛、深入且持续的宣传与推广工作显得尤为迫切和重要。一是注重政策话语的精准解读与转化。教育行政部门需通过立体化政策阐释机制,明确思创融合教育的本质内涵与实施路径。一方面,依托政策解读会、专题培训、官方媒体等权威渠道,系统解读思创融合教育并非"课程拼盘"或"内容叠加",而是将思想政治教育的价值引领(如社会责任、伦理责任、家国情怀)深度融入创新创业教育的目标设定、课程设计、实践指导全流程,形成"价值引领—能力培养—实践转化"的育人闭环。这种解读需聚焦政策文本中"德才兼备""全面发展"的核心要求，将《高等学校课程思政建设指导纲要》等文件精神转化为可操作的教育教学标准，明确"法治意识""社会担当"等价值指标与创新能力培养的融合节点（如创业项目可行性分析中的伦理评估、团队管理中的协作精神培育）。另一方面，高校可以构建专业化的思创融合教育传播平台，通过校园网专栏、新媒体矩阵等渠道，动态呈现思创融合教育的培养方案、课程体系及育人成效，重点阐释其对学生长远发展（如职业伦理养成、社会适应性提升）与社会进步（如创新驱动发展、民生问题解决）的双重价值，形成"价值能力双提升"的教育共识。

二是注重典型案例的发掘与传播。构建"国家—省—校"三级案例资源库：国家级案例侧重战略性领域，展现思创融合教育如何服务国家重大需求，凸显"创新实践与国家战略同频共振"的价值逻辑；省级案例聚焦区域特色，呈现地方高校如何结合地域资源禀赋，将本土实践需求与价值引领相结合；校级案例则立足本校学科优势，展示不同专业背景下思创融合教育的实施路径。这些案例需提炼"价值引领与创新实践共生"的共性机制，如创业项目选题如何兼顾市场价值与社会价值、课程教学如何将思政元素转化为创新思维的底层逻辑。通过案例研讨会、经验交流会、成果展等形式，促进校际的方法论共享，使抽象的融合理念转化为具象的实践参照，形成"理论可阐释、实践可复制、成效可评估"的传播体系。

（二）教育培训的作用

在树立正确的思创融合教育观念的过程中，系统、专业且持续的教育培训发挥着举足轻重的关键作用。通过有针对性的教育培训，能够为不同群体提供必要的知识和技能，帮助他们深入理解思创融合教育的内涵和意义，掌握有效的教学方法和策略，从而为思创融合教育的顺利实施奠定坚实的基础。

教师层面的理念更新与能力建构，需要分层分类的培训体系实现。

针对高校管理者、专业教师、思政课教师、创业导师等不同群体的角色需求，设计差异化培训课程。对高校管理者开展政策解读与战略规划培训，助其从人才培养顶层设计高度理解思创融合教育的本质；对专业教师与思政教师，通过工作坊、跨学科教研等形式，传授课程思政元素与创新创业能力培养的融合方法；对创业导师，开设商业伦理与社会责任必修模块，强化其在项目指导中融入价值引领的意识与能力。同时，组织教师参与企业实践与红色研学活动，推动理论认知向实践转化，促使思政课教师深入创新创业一线了解现实伦理问题，创业教师在红色文化场景中感悟"创新报国"精神内涵，进而打破学科壁垒，形成将价值引领有机融入创新教育的行动自觉。

学生层面的价值启蒙与主体认同，需通过构建全过程、多维度的教育体系达成。在入学阶段，借助新生研讨课、必修通识课程等载体，开展"创新伦理与社会责任"启蒙教育，引导学生思考个人创新理想与社会发展需求的内在联系，帮助其建立"创新是解决社会问题重要手段"的认知框架。在教育培养过程中，依托校园文化活动营造沉浸式学习环境，如组织创业伦理辩论赛、社会价值导向的项目路演、企业家精神与家国情怀研讨等活动，使学生在互动实践中深化对"正确价值观是创新可持续发展基础"的理解。这种教育体系的核心在于将思创融合理念转化为学生可感知、可参与的实践场景，推动"社会责任""伦理担当"等抽象价值通过具体创新实践任务内化为学生的主体认知，实现以价值引领创新方向、以创新实践深化价值认同的良性循环。

综上所述，消解思创融合教育的认知偏差、确立科学的教育理念，需通过政策话语的精准阐释、典型案例的结构化传播，打破社会各界对思创融合教育的认知壁垒；依托分层分类的教师培训体系与学生价值培育路径，提升教育主体的实践能力与价值认同。唯有凝聚教育行政部门、高校、企业的协同力量，方能形成思创融合教育发展的共识与合力，为培育兼具家国情怀与创新能力的时代新人筑牢观念根基。

第二节 师资队伍建设的挑战与优化

思创融合教育作为一种旨在为所有学生提供平等、优质教育机会的理念和实践模式，正逐渐成为教育领域的重要发展方向。然而，要实现思创融合教育的目标，建设一支高素质、专业化的师资队伍是一项至关重要的任务。

一、教师能力提升的需求

（一）专业知识与思政素养的提升要求

在思想政治教育与创新创业教育深度融合的时代语境下，教师专业知识体系面临结构性重塑的内在要求。这种知识体系的建构并非简单的跨学科知识叠加，而是需要在遵循学科知识演进逻辑的基础上，实现专业知识与思想政治教育核心要素的有机统合。从知识生产的维度考察，教师既要通过持续追踪学科前沿动态、参与学术共同体对话来夯实专业知识根基，又需深入解构思想政治教育的理论内核——包括马克思主义世界观、人生观、价值观及社会主义核心价值观的深层逻辑架构，进而在专业知识的阐释框架中嵌入价值引导的话语体系。这种知识统合的实质，是在专业教育场域中构建认知理性与价值理性相融合的知识生产范式，使专业知识的传授过程同时成为价值观念的建构过程，为学生提供兼具知识深度与价值向度的认知框架。

教师思政素养的提升呈现多维进阶的发展向度。政治理论素养作为基础性要件，要求教师不仅系统掌握马克思主义理论的核心范畴、分析框架及中国特色社会主义理论体系的逻辑演进，更需形成运用马克思主义立场、观点与方法观照现实问题的认知范式。这种认知范式在教育实践中的转化，体现为从社会发展进程中提炼思政教育元素的能力——即在专业教学场域中，将宏观社会议题转化为具象化的价值分析载体，使创新创业教育始终置于中国特色社会主义的价值坐标系中展开。更为深层的要求在于，教师需通过持续提升道德修养与人格境界，在教育过程中构建隐性价值引导机制。这种隐性引导通过教师的学术品格、职业伦理及行为范式得以体现，以非制度化的教育影响力实现对学生价值观念的浸润式塑造。当专业知识传授与价值引导在教育实践中形成协同增效机制，方能达成知识传授与价值塑造的深度融合，使思想政治教育真正内化为学生的精神特质与行为准则。

（二）教学方法与实践指导能力

在思想政治教育与创新创业教育深度融合的教育生态中，教学方法的创新本质上是教育目标转化为育人实效的中介机制再造。传统教学方法的单向度知识传递模式，已难以承载价值引领与能力培养的双重育人使命，亟须构建契合新时代人才培养要求的立体化教学方法论体系。这种创新的核心在于突破工具理性的局限，将思想政治教育的价值内核有机融入教学方法的设计与实施，形成认知建构与价值塑造的协同育人机制。案例教学法的应用不再局限于专业知识的具象化呈现，而是强调案例选择的价值澄明性——通过挖掘兼具行业典型性与时代精神特质的实践样本，在专业问题分析中嵌入价值判断维度，使学生在解构专业现象的过程中自然生成对诚信经营、社会责任等价值理念的认知认同。项目驱动教学法的设计则需以社会问题为导向，将创新创业项目转化为思想政治教育的实践载体，使学生在解决真实问题的过程中，既经历专业能力的淬炼，又完成服务社会、奉献社会的价值观念建构，实现"做中学"与"行中悟"的有机统一。

在实践指导能力的提升维度，教师角色正从单纯的技能传授者向"价值—能力"双元导师转型。这种转型要求教师在创新创业实践指导中构建显性指导与隐性渗透相融合的育人模式：既要具备商业计划书撰写、路演技巧等专业指导能力，更需在实践过程中捕捉价值引导的切入点，将竞争伦理、合作精神、法治意识等思政元素转化为可感知、可体验的教育因子。在团队协作指导中，通过引导学生建立良性互动机制，实质是在培育符合社会主义核心价值观的人际伦理；在应对创业挫折的指导中，对坚韧品格的强调本质上是对奋斗精神的具象化阐释。更为深层的实践指导能力，体现为教师对国家创新创业政策法规的深度理解与转化能力——通过将政策文本中的价值导向与制度规范融入实践指导，帮助学生建立合法合规的创业思维，使创新创业实践始终在中国特色社会主义法治轨道上运行。这种实践指导能力的提升，本质上是教师将宏观政策话语转化为微观育人行为的能力进阶，确保创新创业教育既具实践效能又有价值底色。

二、培训与激励机制的建立

（一）定期培训与进修机制的系统化建构

在教育融合发展的时代诉求下，构建常态化的教师培训与进修机制成为提升教师跨领域育人能力的必要路径。这一机制的核心在于通过理论认知升级与实践能力淬炼的双重维度，推动教师形成思创融合教育的系统化思维与行动框架。理论培训层面，需围绕思想政治教育与创新创业教育融合的核心理念展开体系化设计，涵盖思创融合教育的价值逻辑、理论基础及实施路径等核心议题。通过组织专家讲座、学术工作坊、专题研讨等形式，引导教师从教育目标定位、课程体系重构、教学策略创新等层面，深入理解思想政治教育在创新创业教育中的内在嵌入机制，形成将专业教育与价值引领相统一的认知范式。

实践培训维度则注重教师应用能力的转化与提升，通过创设贴近产业实践的育人场景，推动教师深入行业一线开展调研、实践与反思。参与创新创业实践活动、企业实地考察、创业赛事指导等实践形式，有助于教师把握行业发展的现实需求与价值导向，积累兼具专业性与思想性的教学案例。鼓励教师进行企业挂职锻炼，在真实的生产经营环境中体验企业文化、创新精神与社会责任的实践形态，进而将这些实践性知识转化为课堂教学的鲜活素材，增强教育内容的现实观照性。校际交流机制的建立，则为教师提供了跨校际经验共享的平台，通过教学观摩、课程共建、项目合作等形式，促进融合教育方法与模式的传播与迭代，实现理论认知向教学实践的有效迁移。

（二）激励措施与职业发展的协同优化

科学合理的激励机制是激发教师参与教育融合实践内生动力的制度性保障，需从教学、科研、职业发展三个维度构建协同联动的支持体系。在教学激励方面，建立体现思创融合教育特色的评价标准，将思想政治教育元素融入的深度、创新创业教学模式的创新性及育人成效的显著性纳入教学质量评估体系。设立专项教学奖励项目，对在课程思政元素挖掘、跨领域课程设计、实践教学改革等方面取得突出成果的教师给予物质奖励与荣誉表彰，形成示范引领效应，推动思创融合教育实践的常态化开展。

科研激励机制的构建需聚焦融合教育领域的学术增长点，将相关研究纳入科研项目重点支持范畴，通过设立专项课题、提供研究经费等方式，鼓励教师开展跨学科研究，探索思想政治教育与创新创业教育融合的理论内涵、实践模式及评价体系。同时，完善教师考核评价制度，将思创融合教育相关成果纳入职称评审与岗位聘任的多元评价指标，突破传统单一学科评价的局限，引导教师重视并投入思创融合教育的理论探索与实践创新。

职业发展通道的专业化设计是激励机制的重要延伸，需为教师提供明确的进阶路径与发展空间。通过设立思创融合教育领域的特色岗位，赋予教师专业化发展的身份标识与责任使命。支持教师参与国内外高水平学术会议、研修项目及校企合作项目，促进其与学术共同体及产业界的深度互动，提升思创融合教育的理论视野与实践创新能力。这种将个人职业发展与教育改革需求相衔接的制度设计，旨在形成良性循环，为思创融合教育师资队伍建设提供可持续的动力支撑。

第三节 资源整合和保障的挑战与解决途径

在思想政治教育与创新创业教育融合发展的进程中，资源整合的系统性与保障机制的有效性构成教育目标落地的关键支撑。当前，思创融合教育的深化推进面临着资源配置与供给不足的现实困境，既表现为资金、场地等实体资源的结构性短缺对教育实践的直接制约，也反映在政策红利释放不充分、社会合作深度不足等制度性资源整合的效能瓶颈。破解这些挑战需要从资源、供需矛盾的本质出发，既要直面高校内部资源配置与教育创新需求的不匹配问题，更需构建政策引导与社会协同的外部资源集聚机制，形成内外联动的资源保障体系，为思创融合教育的高质量发展奠定坚实基础。

一、资金、场地等资源的短缺

（一）现状与问题

在思想政治教育与创新创业教育融合发展的实践场域中，资源配置的结构性失衡构成核心制约因素，集中表现为资金投入的制度性缺口与场地资源的功能性短缺。

从资金保障机制来看，高校现行经费分配体系仍以传统学科建设为导向，尚未形成适应思创融合教育需求的专项投入机制。在预算编制环节，教学改革、课程建设、实践平台等经费往往依附于二级学院或学科专业，跨学科融合项目面临一定的困境：既难以纳入单一学科的经费支持范畴,又缺乏校级层面的统筹协调机制。用于融合思政元素与创业实践的课程开发、案例库建设、虚拟仿真教学系统开发、企业导师聘任等跨领域经费需求,在传统"按学科切块"的经费管理模式下,常因涉及多个管理部门的职责边界,导致审批周期冗长、资金到位滞后。资金分散化管理还引发资源使用低效问题。

场地资源的供需矛盾则体现为物理空间的功能性错配与育人场景的价值缺位。在硬件设施层面,高校创新创业实践场地普遍存在空间规模难以满足需求等问题。校企合作共建的实践基地往往聚焦产品研发、商业模式设计等技能训练环节,对创业伦理培育、社会责任感养成等思政功能的空间载体建设重视不足。这种空间设计的工具理性导向,导致思想政治教育在实践教学中沦为附加环节,难以实现与创业过程的有机浸润。

(二)对教育与实践的限制

资源短缺直接制约思创融合教育的实施深度与广度,这种制约呈现出系统性、结构性的特征,从课程建设、实践教学到教育生态构建形成多维度的负面影响。在课程建设领域,资金匮乏导致优质教学资源开发体系的完整性受损,难以将企业社会责任、科技创新等蕴含思政价值的素材转化为可视化、互动性强的教学资源。这不仅削弱了专业知识与价值引领的有机耦合度,更使得课程难以形成从理论阐释到价值渗透的完整逻辑链条,导致思想政治教育在专业教学中沦为碎片化的点缀,无法实现润物无声的育人效果。

在实践教学层面,场地资源的不足使得教学场景长期局限于课堂模拟,真实创业场景的缺失导致学生难以在实践中建立对社会责任、法治精神的具象认知。思创融合教育强调的知行合一育人目标因缺乏实践载体而难以达成,思想政治教育与创新创业实践的结合仅停留在知识传递层面,情感认同的培育机制与行为内化的转化路径均未得到有效构建,使得价值引领难以真正融入学生的认知体系与行为模式。

从教育生态构建视角分析,资源瓶颈对教师与学生群体均产生抑制效应。对教师而言,专项经费的缺失使得教学项目的开发面临多重阻碍:设备采购受限导致教学手段单一化,企业对接不畅使得实践案例更新滞后,活动组织困难限制了教学模式创新。这些困境不仅制约了教学方法的迭代升级,更阻碍了跨学科教师团队的协同合作,使得思创融合教育的师资培育生态难以形成。对学生群体而言,场地局限直接限制了创新创业项目的规模与持续性,社会服务类项目的开展空间被压缩,导致思想政治教育所倡导的家国情怀、社会担当等价值理念缺乏实践转化的载体。这种资源与目标的错位,使得学生难以在真实情境中深化对社会主义核心价值观的理解,最终影响思创融合教育的育人实效与人才培养质量。

二、政策支持与社会合作的拓展

(一)争取政策优惠

破解资源困境需构建"政策引导—资源集聚"的协同机制,通过政策红利释放激活多元资源供给。在国家深化教育综合改革的背景下,高校应系统梳理《关于深化高校创新创业教育改革的实施意见》等政策文件中的支持条款,结合自身学科特色与思创融合教育发展规划,精准锚定国家级、省部级专项项目申报方向。针对课程体系建设需求,可申报教育部"思政示范课程"项目;围绕实践平台升级,可争取发改委产教融合实训基地建设项目,通过项目化运作获取中央财政与地方政府的专项经费支持。这种政策对接并非简单的项目申报,而是将思创融合教育的战略目标转化为可操作的政策语言,实现政策资源与教育需求的精准匹配。

地方层面的政策资源挖掘同样关键。高校需密切关注地方政府出台的创新创业扶持政策,将思想政治教育成效作为重要评价维度嵌入政策申请体系。无论是税收减免、场地租赁补贴，还是创业导师津贴等优惠政策，均可通过优化项目设计，突出思创融合教育在服务地方经济、强化社会价值引领等方面的贡献，增强政策申报的竞争力。这种将思想政治教育成效量化、显性化的策略，本质上是通过政策杠杆推动资源向兼具社会价值与教育意义的融合项目流动，引导地方资源配置与国家育人目标相契合。

从机制构建角度看，政策争取的核心在于打造"价值—资源"转化链条。高校需将思创融合教育的政治属性与社会价值转化为可量化的政策申报要件，可将思政课程案例库建设数量、学生参与红色创业实践人次等指标纳入项目成果体系。通过政策载体，思想政治教育的隐性育人功能得以转化为显性资源支持，形成"政策赋能—教育创新—价值提升"良性循环。这种机制不仅缓解了资源短缺压力，更推动了政策资源与教育实践的深度融合，使政策红利切实转化为思创融合教育发展的持久动力。

（二）加强与社会各界的合作

社会资源的深度整合是突破高校内部资源约束的关键路径，需构建"政府—企业—高校—社会组织"四位一体的协同育人网络。这一网络的构建本质上是将教育场域从封闭的校园空间拓展至开放的社会生态，通过多元主体的资源互补与价值协同，实现思想政治教育与创新创业教育融合发展的资源重构。

在企业合作层面，"双向赋能"合作模式的核心在于打破传统校企合作中单向度的资源输送关系，建立基于利益共享与价值共创的新型合作机制。高校通过学科专业优势为企业提供人才定制培养方案、前沿技术研发支持及员工继续教育服务，形成对企业创新发展的智力支撑；作为回应，企业需将自身资源深度嵌入高校思创融合教育体系，更重要的是，企业导师团队的深度参与能够构建起课堂教学与产业实践的价值传导链，企业家与创业先锋将其在经营活动中践行的家国情怀、法治精神、诚信理念等，转化为可感知、可学习的实践范例，使学生在专业技能训练中同步完成价值塑造。

行业协会与公益组织的联动则进一步拓展了资源整合的边界与维度。行业协会凭借其在产业发展中的专业权威性，能够为高校提供行业发展趋势报告、技术标准规范等智力资源，帮助高校校准思创融合教育的价值导向，使创新创业实践与产业伦理、社会责任深度契合。公益组织在社会问题解决类创业项目中具备天然的资源对接优势，其广泛的社会网络能够为学生搭建服务乡村振兴、基层治理、生态保护等领域的实践平台，使学生在解决真实社会问题的过程中，将思想政治教育倡导的责任意识、奉献精神转化为具体行动。

校友资源作为高校特有的社会资本，在思创融合教育中具有不可替代的育人价值。通过系统化挖掘校友企业的经济资源、人力资源与文化资源，能够构建起具有情感共鸣的育人场景。校友以亲历者身份传递的创业初心、奋斗精神与家国情怀，相较于传统理论说教，更易引发学生的价值认同，从而将个人成功经验转化为兼具专业性与思想性的教育资源。

从教育生态构建视角看，社会合作的深层价值在于构建"大思政"育人共同体。这一共同体通过企业市场资源的物质支撑、社会组织实践资源的场景供给、高校智力资源的专业引导，形成多元主体的价值共振：企业在合作中强化社会责任形象，实现经济效益与社会效益的统一；高校通过资源整合提升思创融合教育的育人实效，增强服务社会的能力；学生在真实场景中实现专业能力与价值素养的协同发展，成长为符合社会需求的创新型人才。最终，通过多方共赢的协同机制，推动思想政治教育与创新创业教育融合从理论倡导转化为可持续的实践生态。

第八章

融合视域下大学生创新教育与实践的案例分析

在高校教育体系中，思想政治教育与创新创业教育的融合是培养具有创新精神、实践能力和社会责任感的高素质人才的重要路径。深入分析大学生创新教育与实践中的成功案例和失败案例，既能挖掘背后的关键因素，为创新教育提供经验借鉴，又能通过反思失败教训，避免重蹈覆辙。而在这一过程中，思想政治教育所蕴含的价值引领、精神塑造和品德培育等功能，始终贯穿创新创业实践的各个环节，成为影响创新教育成效的重要内生力量。

第一节 成功案例展示与剖析

创新创业领域中有众多令人瞩目的成功案例。这些案例不仅为社会进步注入了强大动力，也为后来者提供了经验借鉴。通过深入剖析可以发现，思想政治教育始终贯穿创新实践的各个环节，成为影响创新教育成效的重要内生力量。

一、具体项目的详细介绍

（一）项目背景与目标

每一个成功项目都与特定的社会环境、行业背景或学术领域紧密相关，需要依托相应的资源条件和发展基础才能推进实施。

以腾讯觅影智能医疗诊断系统的开发项目为例，其诞生正是团队在"健康中国"战略指引下，将思想政治教育成果转化为实践行动的典型范例。国家卫生健康委数据显示，截至2023年底，我国60岁及以上人口达2.97亿人，占总人口的21.1%，老龄化程度持续加深，导致医疗服务需求呈爆发式增长[1]。与此同时，传统医疗诊断方式在面对海量患者和复杂疾病谱时，逐渐暴露出效率低下、准确性有限、资源分配不均等问题。

在此严峻的背景下，腾讯觅影智能医疗诊断系统项目应运而生，肩负着革新医疗诊断模式、提升医疗服务质量和效率的使命。其目标不仅在于运用深度学习和大数据分析技术，构建一套高效精准的疾病诊断系统——如该系统对肺结节的检测准确率已达95%以上，能够在数秒内完成单张影像分析，较人工诊断效率提升数十倍[2]；还致力于确保系统的准确性和可靠性达到国际领先水平，实现从三甲医院到基层卫生院的广泛应用。

此外，项目高度重视与现有医疗体系的融合。腾讯觅影已与全国超200家医院达成合作，通过与医院HIS系统和PACS系统的无缝对接，实现检查数据自动上传、诊断结果实时反馈，为医生临床决策提供科学

---

[1] 唐承沛. 深入实施积极应对人口老龄化国家战略 助力以人口高质量发展支撑中国式现代化 [J]. 中国民政, 2024 (19): 9-12, 18.
[2] 袁天蔚, 薛淮, 杨靖, 等. 从战略规划与科布局看国内外人工智能医学应用的发展现状 [J]. 生命科学, 2022, 34 (8): 974-982.

支持。同时，项目团队制定了明确的推进计划，在通过国家药品监督管理局（NMPA）三类医疗器械认证后，逐步实现商业化推广，推动优质医疗资源下沉，惠及更多民众。这体现了项目团队"技术服务民生"的核心价值取向。

（二）实施过程与成果

在项目实施过程中，团队曾面临一系列严峻挑战。首先就是技术难题，如何从浩如烟海、纷繁复杂的医疗数据中精准地提取出具有关键诊断价值的信息，如何优化和创新复杂的算法模型以显著提高诊断的准确性和特异性，如何确保系统在面对各种罕见病和疑难杂症时依然能够保持稳定可靠的性能，这些都成为摆在团队成员面前亟待攻克的技术堡垒。

为了突破这些技术瓶颈，项目团队以其非凡的智慧和勇气，积极与国内外顶尖的科研机构和高校建立紧密的合作关系，广泛引入最前沿的科研成果和技术创新理念。通过联合开展科研攻关项目、共同举办学术研讨会和技术交流活动等多种形式，团队成员不断拓宽技术视野，提升创新能力。同时，团队成员夜以继日地进行了无数次实验和反复优化调试，对每一个数据点、每一行代码、每一个参数都进行了精心雕琢和打磨。他们不畏失败，勇于尝试，在经历了无数次挫折和失败后，终于凭借着坚韧不拔的毅力和顽强拼搏的精神，成功攻克了一个又一个看似不可逾越的技术难关，为项目的顺利推进奠定了坚实基础。

在市场推广方面，团队成员同样展现出了卓越的策略眼光和执行能力。他们深刻认识到，仅有先进的技术和优秀的产品还远远不够，必须让更多的医疗机构和患者了解、认可并接受这一创新成果，才能真正实现其社会价值和商业价值。因此，他们主动出击，积极与各大医疗机构展开深入沟通与合作，通过开展试点项目、提供免费试用服务、举办技术培训和讲座等多种方式，广泛收集用户的反馈意见和建议，不断改进和完善系统的功能和性能。

同时,团队还充分利用各种行业展会、学术会议、媒体平台等渠道,大力宣传和推广项目的创新理念、技术优势和应用成果。他们精心筹划了一系列具有影响力的市场活动,如举办智能医疗诊断技术高峰论坛、发布行业白皮书、展示成功案例和患者见证等,极大地提升了项目的知名度和影响力,吸引了众多医疗机构和投资者的关注和青睐。

项目团队在科研创新方面也取得了一系列突破性进展,获得了多项具有自主知识产权的发明专利和软件著作权,并在国际顶级学术期刊上发表了多篇高水平的研究论文,得到了国内外同行的高度认可和赞誉。项目还吸引了大量的战略投资和风险投资,为项目后续研发和市场拓展提供了充足的资金保障,进一步确保了其在智能医疗诊断领域的领先地位。

二、思想政治教育与创新创业教育融合的亮点

(一)思想政治教育在创新中的作用

思想政治教育在项目创新过程中,为团队成员指引了前进方向,在前行过程中激发了他们无限的创新潜力和奋斗精神。通过思想政治教育,团队成员深刻领悟了马克思主义的世界观和方法论,学会了运用辩证唯物主义和历史唯物主义的观点去分析问题、解决问题,从而培养了他们独立思考、勇于创新的思维能力。

同时,思想政治教育让团队成员树立了正确的价值观和强烈的使命感,使他们深刻认识到自己所从事的工作对于改善医疗服务、保障人民健康、推动社会进步的重要意义。这种源自内心深处的使命感和责任感,激发了他们无穷的创新热情和积极性,让他们在面对技术难题和重重困难时,始终保持着坚定的信念和不屈不挠的斗志,坚持不懈地追求技术突破和创新。

此外,思想政治教育还注重培养团队成员的合作精神和大局意识,

让他们明白个人的力量是有限的,只有团结协作、集思广益,才能汇聚成强大的创新合力。在项目开发过程中,具有不同专业背景的成员,能够充分发挥各自的专业优势,相互学习、相互支持、相互配合。他们摒弃了个人主义和狭隘的部门利益观念,将个人的利益和目标自觉地融入团队的整体利益和目标之中,形成了一个紧密团结、高效协作的创新团队,共同攻克了一个又一个技术难题,为项目的成功奠定了坚实基础。

(二)创业过程中的道德坚守

在充满竞争和诱惑的创业过程中,道德坚守始终是项目团队坚守的底线和原则。他们深知,诚信是企业的立身之本,只有坚持诚实守信,才能赢得合作伙伴和客户的信任和尊重,建立长期稳定的合作关系。因此,在与合作伙伴的合作中,他们始终严格遵守合同约定,不隐瞒任何重要信息,不做任何虚假宣传,以真诚和透明的态度对待每一个合作伙伴。

在激烈的市场竞争中,项目团队秉持公平竞争的原则,依靠自身的技术实力、产品质量和服务水平来赢得市场份额,而不是通过不正当手段打压竞争对手、窃取商业机密、进行恶意诋毁。他们尊重市场规律,遵守法律法规,以公平、公正、公开的方式参与市场竞争,为行业营造了一个健康、有序、和谐的发展环境。

这种对道德底线的坚守,为项目赢得了良好的声誉和口碑,使得合作伙伴和客户对他们充满了信任和期待。许多医疗机构主动寻求与他们合作,患者也对他们的产品和服务给予了高度评价和认可。同时,项目团队的道德表率作用也为整个行业树立了榜样,促进了医疗行业的诚信建设和规范发展,推动了行业自律和进步。

(三)创造成果的社会价值

该项目的创造成果在社会文明、发展和进步进程中发挥着重要作用，具有极高的社会价值。首先，它极大地提高了医疗资源的利用效率，通过智能化诊断系统，实现了医疗资源的优化配置和精准投放。在过去，由于医疗资源有限和分配不均，许多患者尤其是偏远地区的患者往往难以获得及时、准确的诊断治疗。而该项目的成功实施，使得优质医疗诊断服务能够突破地域和时间的限制，快速覆盖到更广泛的人群，让每一个患者都能享受到平等、高效、优质的医疗服务，有效缓解了医疗资源紧张的局面。

其次，该项目为患者带来了新的希望和福音，尤其是对于那些有疑难杂症和罕见病的患者。传统的诊断方式往往难以准确识别这些复杂疾病，导致患者长期饱受病痛折磨，延误了最佳治疗时机。而智能医疗诊断系统凭借其强大的数据分析能力和深度学习能力，能够从海量的医疗数据中发现细微的线索和特征，为这些患者提供更准确、更早期的诊断结果，从而为后续的治疗赢得了宝贵的时间，提高了患者的治愈率和生存率，改善了患者的生活质量。

此外，该项目的成功还推动了医疗行业的数字化转型和智能化升级，促进了医疗技术的创新和发展。通过大数据分析、人工智能、云计算等前沿技术的应用，项目为医疗行业带来了全新的发展思路和方法，激发了行业内的创新活力和竞争动力。同时，该项目也为相关产业的发展提供了强大的支撑，如医疗设备制造、医疗信息化、医疗大数据等领域，形成了一个完整的产业链条，创造了大量就业机会和经济效益，促进了区域经济的繁荣发展。

（四）科学家精神的体现

在项目实践与技术突破过程中，科学家精神得到了充分彰显与生动诠释。团队成员以无畏的勇气和坚定的信念，勇敢探索未知领域，挑战传统医疗诊断模式和观念。他们不满足现状，不畏惧权威，敢于提出新的理论和假设，不断尝试新的技术和方法，为推动医疗诊断技术的革新贡献了自己的智慧和力量。

在面对复杂技术难题时，团队成员始终保持着严谨的科学态度和精益求精的工作作风。他们对每一个数据的采集和分析都进行了严格质量控制，对每一个算法的设计和优化都进行了反复验证和测试，对每一个系统的功能和性能都进行了全面评估和改进。他们不放过任何一个细节，不允许任何一个错误，以确保系统的准确性、可靠性和稳定性。

同时，团队成员还具有坚持不懈的精神和顽强的意志品质。在项目开发过程中，他们经历了无数次失败和挫折，面对了来自技术、资金、市场等多方面的巨大压力和困难。但他们从未轻言放弃，始终坚信自己的目标和理想，不断调整策略，改进方法，勇往直前。正是这种坚韧不拔的毅力和永不言败的精神，支撑着他们走过了一个又一个艰难的时刻，最终迎来了项目的成功和辉煌。

总之，智能医疗诊断系统开发项目充分体现了思想政治教育与创新创业深度融合所释放的强大动能和创造的巨大价值，以及其在达成项目目标、创造社会价值中发挥的重要作用。这一实践不仅为创新创业者提供了可资借鉴的经验和启示，更以鲜活范例为未来的创业者树立典范，激励更多人投身创新创业实践，为推动社会进步发展贡献智慧和力量。

第二节　失败案例反思与启示

创新创业征程中，失败是难以避免的，它始终伴随着创业者的探索之路。失败案例能清晰呈现前行道路上的潜在风险与问题，为创新创业者提供深刻反思、总结经验教训的重要契机。创业者以冷静、客观的态度分析这些失败案例，深入挖掘其中的关键问题，就能为后续的创新创业实践提供切实有效的指导。

一、问题所在与原因分析

(一) 技术、市场、思想方面的问题

在众多失败的创新创业项目中,导致失败的原因涉及技术、市场以及思想等多个层面,各因素相互关联、错综复杂。在众多失败的创新创业项目中,导致失败的原因涉及技术、市场以及思想等多个层面,各因素相互关联、错综复杂。

市场需求的误判也是导致项目失败的常见原因。一款精心打造的新型智能家居产品[1],凝聚了研发团队无数的心血和智慧,具备了一系列令人瞩目的先进功能。然而,这款产品在市场上却遭遇了滑铁卢。产品操作的复杂性远超普通消费者的接受能力,烦琐的操作步骤让用户在使用过程中感到困惑和沮丧。高昂的价格定位,更是远远超出了大众消费者的购买能力,使得产品在价格竞争中处于明显劣势。而且,在市场推广的战略布局上,项目团队出现了严重的偏差,没有深入调研和准确把握目标客户群体的真实需求、购买习惯及消费能力。他们一厢情愿地将产品推向市场,却没有意识到消费者对于智能家居产品的核心诉求在于便捷性和性价比。最终,产品无人问津,库存积压如山,资金链断裂,项目以失败告终。

(二) 个人与团队的因素

个人能力不足和决策错误是导致项目失败的直接原因。在创新创业的舞台上,项目负责人[2]扮演着至关重要的角色,他们的视野、经验和决策能力直接影响着项目的生存发展。某互联网创业项目的负责人,虽

---

[1] 智能家居隐藏多重缺陷,行业标准亟待建立 [EB/OL]. 界面新闻,(2016-01-18) [2025-05-20]. https://m.jiemian.com/article/513152.html.

[2] 中国互联网第一个巨头为何夭折:瀛海威消亡真相与启示 [EB/OL]. (2025-05-15) [2025-05-20]. https://m.sohu.com/a/895538751_122427223/.

然满怀激情和梦想，但却缺乏足够的行业经验和深厚的市场洞察力。在面对复杂多变的市场环境和激烈的竞争态势时，他无法准确判断行业的发展趋势，做出了一系列盲目跟风的决策。在项目发展的关键节点，他没有能够审时度势，及时调整战略方向，导致项目逐渐偏离了正轨，最终陷入了无法挽回的困境。

在技术驱动型项目中，技术人员的专业技能同样举足轻重。若关键技术人员无法突破项目核心技术瓶颈，面对技术难题时，又缺乏有效解决方案，这种情况不仅会延缓项目进度，更会导致产品质量下滑，最终使项目难以为继。无论是管理者的决策失误，还是技术人员的能力缺陷，都深刻印证了个人能力因素在项目成败中的决定性作用。

团队内部的沟通不畅、协作不力也会对项目产生负面影响，这种影响会在项目推进过程中逐渐显现并不断累积，最终动摇项目基础。在一个团队中，如果成员之间缺乏有效的沟通机制和渠道，信息传递就会变得迟缓、模糊甚至失真。在某软件开发项目中，前端开发人员和后端开发人员之间缺乏及时、准确的沟通。前端人员在设计页面布局和用户交互时，没有充分考虑后端系统的技术架构和数据接口要求；而后端人员在开发数据处理和服务接口时，也没有及时向前端人员反馈技术限制和实现难度。这种信息的不对称和沟通的障碍，导致了双方工作的严重脱节，接口不匹配的问题频繁出现，软件则上线时间一再推迟，项目进度严重滞后。

团队成员之间的信任缺失，会对项目造成严重打击。当成员之间互相猜疑、互相指责，缺乏基本的信任和尊重时，团队就会陷入内耗和混乱的状态。

此外，团队成员的积极性不高、责任心不强，也是导致项目失败的一个重要因素。如果成员对项目缺乏足够的热情和投入，工作敷衍了事，只关注个人得失，而忽视了项目整体利益，那么项目质量和进度必然会受到严重影响。

二、从中吸取的教训

（一）价值观的偏差

在失败案例中，价值观扭曲和偏差往往成为项目失败的深层次原因。一些项目团队在创业之初，就被功利主义和个人主义的思想所左右，过于追求个人利益最大化，将社会价值和公共利益抛诸脑后。这种短视和狭隘的价值观，使得他们在项目决策时，只关注眼前的经济收益，而忽略了项目的长远发展和社会责任。

树立正确的价值观，是创新创业项目取得成功的基石。团队成员应当深刻认识到，创新创业不仅仅是为了实现个人的财富梦想，更重要的是为社会创造价值、解决实际问题、推动行业的进步和发展。只有将个人利益与社会利益紧密结合，以诚信、公正、负责任的态度对待每一个决策和行动，才能赢得市场的认可和社会的尊重，从而实现项目的可持续发展。

（二）意志品质不足

在应对困难和挫折时，部分项目团队显现出意志品质薄弱问题。当面临技术瓶颈长期无法突破、市场竞争激烈、资金链紧张等多重挑战时，团队成员易滋生消极悲观情绪，因缺乏坚定信念与顽强毅力，难以坚持完成项目目标。

在某科技创新项目中[①]，团队在初期投入了大量时间和精力进行技术研发，但却遭遇了多次失败。面对一次次挫折，部分成员开始对项目可行性产生怀疑，逐渐失去了信心和勇气，选择了放弃。最终，这个原

---

① 曝大模型版 Siri 烂尾：Bug 修不完！苹果重练小号，掌舵换人 [EB/OL]. 今日头条，（2025－05－20）[2025－05－20]. https：//www.toutiao.com/article/7506466994682839552/? upstream_biz = doubao&source = m_redirect.

本具有巨大潜力的项目半途而废，令人惋惜。

坚韧不拔的意志品质，是创新创业者必备的核心素质之一。在创新创业道路上，遭遇困难和挫折是不可避免的常态。只有保持乐观、积极的心态，相信自己的能力和项目的价值，勇于面对挑战，不断尝试和探索，才能在逆境中坚守初心，砥砺前行。每一次失败都是一次宝贵的经验积累，每一次挫折都是成长的机遇。只要坚持不懈，就一定能够找到突破困境的方法，实现项目的最终成功。

（三）缺乏科学家精神

缺乏科学家精神也是导致许多创新创业项目失败的重要因素之一。在创新创业过程中，严谨的态度、创新的思维和勇于探索的精神，是推动项目不断前进的关键动力。

有些项目团队在研发过程中，缺乏严谨的科学态度，对数据的采集和分析粗枝大叶，对技术验证和测试敷衍了事。某医疗设备研发项目[1]，为了尽快将产品推向市场，在临床试验阶段对数据的处理不够严谨，没有充分考虑到样本的代表性和数据的可靠性。结果，产品在大规模上市后，出现了严重的安全隐患，不得不紧急召回，给企业造成了巨大经济损失和声誉损害。

同时，一些团队缺乏创新思维，盲目跟风市场热点，一味模仿他人的产品和商业模式，缺乏对市场需求的独立思考和创新解决方案。这样的项目往往在激烈的市场竞争中缺乏差异化优势，难以脱颖而出，最终被市场淘汰。

还有的团队在面对未知领域和新技术时，缺乏勇于探索的精神，害怕承担风险，不敢迈出第一步。他们习惯于在熟悉的领域内墨守成规，错过了许多发展的良机。某新兴技术领域的创业项目，由于团队对新技术的

---

[1] 曾因核心产品临床试验问题被通报　华脉泰科 IPO 信息披露或存瑕疵［EB/OL］. 今日头条，（2023-05-26）［2025-05-20］. https：//www.xinhuanet.com/money/20230526/2ec1d429ceaf4fbb88b5cfae55466229/c.html.

应用前景缺乏信心，不敢投入资源进行深入研究和开发，结果被其他具有前瞻性和冒险精神的竞争对手抢占了先机，失去了在市场上立足的机会。

弘扬科学家精神，对于提高创新创业成功率具有至关重要的意义。团队成员应当始终保持严谨的治学态度，对待每一个数据、每一次实验都要一丝不苟，确保产品和技术的可靠性和安全性。同时，团队成员要不断培养创新思维，敢于突破传统观念的束缚，提出独特的见解和解决方案。此外，团队成员还要具备勇于探索未知的勇气和决心，积极拥抱新技术、新趋势，敢于在不确定性中寻找机会，为项目的成功开辟新道路。

总之，通过对失败案例进行全面、深入的反思和剖析，团队成员能够树立风险意识、危机意识，更加清醒地认识到创新创业过程中所面临的各种挑战和潜在风险。从思想政治教育的角度汲取教训，有助于在未来实践中树立正确的价值观，培养坚强的意志品质，弘扬科学家精神，从而有效地避免错误的出现，提高创新创业成功率，为社会创造更多价值，实现个人的理想和抱负。

第九章

未来展望与发展趋势

展望未来,思想政治教育与创新创业教育的融合教育将在政策支持、社会需求和技术进步的推动下,迎来更广阔的发展前景。通过不断优化教育模式和实践方法,高校可以培养出更多具有创新精神和实践能力的高素质人才。

第一节 思创融合教育的发展前景预测

在教育领域持续演进变革的背景下,思创融合教育凭借其独特价值和重要意义,逐渐成为教育发展的重要趋势和前沿方向。深入、全面且精准地预测思创融合教育的未来发展,既能敏锐把握教育变革的趋势,也能为前瞻性规划教育战略、优化教育资源配置以及培育契合时代需求的创新型人才,筑牢坚实的理论根基并提供实践指引。

一、政策走向与社会环境变化

(一)国家政策的支持力度

近年来,国家从战略全局高度系统谋划教育改革,构建起覆盖思创融合教育全要素、全环节的政策支持体系，为其发展奠定了制度性根基。在顶层设计层面，国务院《关于推动现代职业教育高质量发展的意见》明确将思想政治教育贯穿人才培养全过程，要求职业院校在专业课程中有机融入职业精神、工匠精神、社会责任感等思政元素，同时强化创新创业教育与专业教育深度融合，推动建立"思政铸魂—专业固本—双创赋能"的立体化育人模式。这一政策从培养目标层面确立了思创融合教育的重要地位，为各级院校开展教育教学改革提供了根本遵循。

在实施路径层面，教育部等部门出台的《深化新时代教育评价改革总体方案》发挥了关键导向作用。方案明确破除唯分数、唯升学、唯论文等单一评价标准，提出将思想政治素质、创新实践能力纳入学生发展质量评价核心指标，将思创融合教育成效纳入学校办学质量和教师考核体系。这一改革推动教育评价从"知识本位"向"素养本位"转型，促使院校主动优化课程结构，加强思政课程与创新创业课程的内容衔接、方法互鉴和资源共享，形成"价值塑造—能力培养—知识传授"三位一体的教育生态。

展望未来，国家政策支持将呈现精准化、协同化趋势。《"十四五"教育发展规划》明确提出构建"大思政"与"新双创"融合发展机制，推动思政教育的价值引领功能与创新创业教育的实践育人功能深度耦合。同时，跨部门协同政策将持续深化，财政部、人社部等将联合建立思创融合教育师资资格认证体系和专项培训计划，为教育改革提供可持续的人才支撑。这些政策的系统推进，标志着思创融合教育从试点探索迈向制度化、规范化发展阶段，为培养兼具家国情怀与创新能力的时代新人提供了坚实政策保障。

（二）社会对创新人才的需求变化

当下社会对创新人才的需求正在经历一场深刻而广泛的变革。传统的单一学科知识和技能体系已经难以适应社会快速发展的复杂需求，具备跨学科知识架构、创新思维模式、团队协作能力及解决实际问题能力的综合型人才成为市场竞争的核心力量和社会发展的迫切需求。

在此背景下，思创融合教育的战略价值和现实意义愈发凸显。社会的目光不再仅仅聚焦于学生的学习成绩和理论知识掌握程度，而是更加关注他们的综合素质、创新潜能，以及在真实情境中运用知识解决复杂问题的实际能力。思创融合教育通过打破传统学科之间的森严壁垒，将思想政治教育的价值引领与创新创业教育的实践能力有机结合，促进知识交叉融合和综合运用，为学生构建起一个开放、多元且富有弹性的学习环境，有效地培养了他们的跨学科思维和综合应用知识能力，使其能够在快速变化的社会环境中迅速适应并脱颖而出。

在科技创新领域，许多具有前沿性的研究和应用项目都需要整合多个学科的知识和技术才能取得突破。在开发新一代人工智能应用的过程中，不仅需要计算机科学、数学等学科专业知识，还需要了解心理学、伦理学等领域的相关内容，以确保技术的合理应用和社会影响。思创融合教育通过将思想政治教育中的伦理责任、科技报国情怀融入创新创业的技术训练中，能够培养出既精通算法设计和编程实现，又对人类认知规律和社会伦理问题有深入理解的复合型创新人才，为科技创新领域注入源源不断的智慧和活力。

在社会服务领域，面对日益多样化和个性化的服务需求，如社区养老、心理咨询、环保公益等，从业者需要能够深刻理解不同群体的特殊需求，善于与来自不同文化背景和社会阶层的人们建立良好的沟通与合作关系。思创融合教育通过思想政治教育培养学生的同情心、社会责任感，结合创新创业教育对团队协作、需求分析能力训练，使他们能够在社会服务实践中充分发挥自己的专业优势，为构建更加和谐、包容和可持续发展的社会贡献力量。

二、潜在的机遇与挑战

（一）新技术带来的机遇

在信息技术高速迭代的当下，人工智能、大数据、虚拟现实等前沿技术正以前所未有的力量重塑教育生态，为思创融合教育的发展创造了广阔机遇。

人工智能技术凭借其强大的数据分析能力和学习能力，为学生量身定制个性化的学习路径和方案，实现了教育从"一刀切"到"因材施教"的根本性转变。通过对学生日常学习行为、作业完成情况、考试成绩等海量数据的深度挖掘和智能分析，人工智能系统能够精准地捕捉每个学生独特的学习风格、知识薄弱点及兴趣偏好。在此基础上，将思想政治教育的价值引领与创新创业教育的实践需求相结合，为学生推送高度适配其个人需求的学习内容。例如，对倾向技术创新的学生，系统在提高专业技术课程的同时，同步推送科技伦理、知识产权保护等思政模块；对热衷社会服务的学生，在推荐公益项目策划课程时，融入乡村振兴、社区治理等政策解读，实现"知识学习+价值塑造+创新能力"的个性化培育。

大数据技术则提供了一幅全景式的学生学习状况视图，使教育工作者能够站在更高的维度洞察教育教学的整体态势和微观细节。通过对大规模学生群体数据的采集、整理和分析，教育工作者可以清晰地了解到不同课程设置、教学方法和评价方式对学生学习效果的影响，尤其是思创融合教育中"思政素养"与"双创能力"的关联度数据，从而及时发现教学中潜在的问题和瓶颈。同时，大数据技术还能够为教育决策提供基于数据驱动的科学依据，帮助教育管理者针对思创融合教育的资源配置进行优化，进行思政案例库与双创实训平台的协同建设，通过分析学生在创新创业项目中暴露出的伦理认知短板，定向补充思想政治教育中的法治思维、社会责任等教学内容，实现教育效益在"价值—能力"双维度的最大化。

虚拟现实技术以其令人惊叹的沉浸式体验和交互性特点，为思创融合教育构建了"思政情境模拟＋双创实践预演"的虚拟融合空间。通过创建逼真的虚拟场景和情境，学生不仅能"身临其境"参与到历史事件重现，如红色文化场景，自然科学现象模拟（培养探索精神），还能在虚拟创新创业实践情境中进行商业策划、团队写作和风险决策，在模拟跨境电商创业时，系统同步嵌入国际贸易规则中的公平竞争原则、消费者权益保护等思政元素，让学生在解决技术和商业问题的同时，潜移默化接受价值观引导；在虚拟化学实验室进行环保技术研发模拟时，系统自动触发"碳排放评估""循环经济理念"等思政弹窗，实现技术训练与责任意识培养的无缝衔接。

（二）可能面临的困难与应对

思创融合教育发展道路不可避免地会遭遇一些困难和挑战。

观念难以转变无疑是一个重要的困难。尽管思创融合教育的理念在理论上得到了一定程度的认可，但在现实中，部分教育管理者和教师仍然深受传统教育观念的束缚，对融合教育存在着根深蒂固的误解和偏见。他们担心思想政治教育与创新创业教育的融合会导致教学目标模糊，或者认为将思政内容融入创新创业课程会削弱专业技能培养。这种观念上的滞后严重阻碍了思创融合教育的广泛推广和深入实施。为了有效应对这一问题，需要全方位加强宣传和教育工作，通过举办思创融合教育专题讲座、案例研讨会等活动，广泛传播其核心理念与实践经验。邀请行业专家解读如何通过创新创业项目自然融入思政元素，组织教师观摩优秀思创融合课程，展示价值引领与能力培养双目标达成的教学效果，逐步消除误解，树立正确的教育观念。

师资不足是制约思创融合教育发展的另一个关键瓶颈。思创融合教育对教师的专业素养和能力提出了更高的要求，他们不仅需要具备扎实的思政理论功底和创新创业教学技能，还需要掌握跨学科知识整合、实践项目设计等复合能力。然而，目前具备这种多元化能力的教师数量远远不能满足思创融合教育发展的实际需求。为了破解这一难题，可以加大对现有教师的培训力度，通过开展思政与双创教学方法培训、实践项目开发工作坊等途径，提升教师的跨学科教学能力。

资源分配不均也是思创融合教育发展过程中亟待解决的一个突出问题。由于地区经济发展水平的差异以及教育资源投入机制的不完善，不同地区、不同学校在思创融合教育的课程资源、实践平台、师资配备等方面存在着显著的不平衡。这种不平衡会导致部分地区和学校难以有效开展思创融合教育，加剧教育差距。为了缩小这种差距，政府需要发挥主导作用，加大对教育资源薄弱地区和学校的扶持力度。通过搭建思创教育资源共享平台，推动优质案例、教学视频等资源互通，共享教资与实践项目经验，促进思创融合教育均衡发展。

综上所述，思创融合教育在未来的发展道路上充满了机遇和挑战，只要充分认识其重要性和紧迫性，积极采取有效的应对策略，发挥政策引导、师资建设和资源优化等多方面的作用，就一定能够克服困难，实现可持续发展，从而为培养兼具创新能力与正确价值观的新时代人才提供有力支撑。

第二节　对大学生创新教育与实践的新要求

在科技迅猛发展、信息高度流通、全球一体化进程日益加速的时代，大学生所处的社会环境和面临的未来挑战都发生了深刻而显著的变化。传统教育模式和培养方式已经难以满足社会对人才的全新需求，大学生创新教育与实践的改革与完善迫在眉睫，需要不断引入新理念、新方法和新手段，以培养出能够在未来社会中立足并引领潮流的高素质创新型人才。

一、适应未来需求的能力培养

（一）全球视野与跨文化交流能力

随着世界各国之间的政治、经济、文化、科技等领域的交流与合作日益频繁和深入，地球村的概念已经深入人心。在这样的时代趋势下，大学生拥有广阔的全球视野和出色的跨文化交流能力已经不再是一种可有可无的附加技能，而是成为他们在未来社会中生存和发展所必备的核心素质之一。

全球视野要求大学生能够以一种超越地域、民族和文化局限的宏观视角来观察和理解世界。他们不仅要对本国的历史、文化、社会制度和发展现状有清晰而深刻的认识，还要对世界上其他国家和地区的政治体制、经济模式、文化传统、科技创新等方面的情况有广泛而深入的了解。在探讨全球气候变化这一重大议题时，大学生不能仅仅局限于关注本国政府所采取的减排措施和应对策略，还应该放眼全球，研究不同国家在温室气体排放、能源结构转型、环保政策制定等方面的差异和共性，分析国际社会在应对气候变化问题上的合作机制和面临的挑战。同时，大学生还要能够理解全球经济一体化背景下各国之间相互依存、相互影响的复杂关系，比如国际贸易争端对全球产业链和供应链的冲击，以及新兴经济体崛起对世界经济格局的重塑。

跨文化交流能力则是大学生在全球视野的基础上，与来自不同文化背景的人们进行有效沟通、理解和合作的关键能力。在一个多元文化的世界中，不同国家和民族的人们有着各自独特的价值观、信仰体系、思维方式、语言习惯和行为规范。大学生需要学会尊重和欣赏这些文化差异，避免因文化误解而导致的冲突和隔阂。在参与国际商务谈判时，了解对方国家的商务礼仪和谈判风格至关重要。在日本，商务交往中注重礼仪和等级秩序；而在美国，商务谈判则更加强调直接和高效。大学生需要根据对方的文化特点调整自己的沟通方式和策略，以建立良好的合作关系。此外，在国际学术交流中，理解不同文化背景下的学术观点和研究方法，善于倾听和吸收他人的意见和建议，这些都是跨文化交流能力的重要体现。

为了有效培养大学生的全球视野和跨文化交流能力，高等院校应当积极采取一系列有针对性的措施：在课程设置方面，可以大幅增加国际政治、经济、文化、历史等相关领域的必修和选修课程，邀请国内外知名专家学者授课，引入国际前沿的教学理念和研究成果；同时，积极推动双语教学和全英文教学，提高学生的外语水平和跨文化沟通能力。在国际交流与合作方面，可以进一步拓展学生交换项目、联合培养计划和国际实习机会，让更多的学生有机会走出国门，亲身体验不同国家的教育模式和文化氛围；与世界知名高校建立长期稳定的合作关系，每年选派一定数量的优秀学生到对方学校进行为期一个学期或一年的学习交流，让学生在国外的学习和生活中深入了解当地文化习俗、社会制度和价值观念。此外，高校还可以定期举办国际学术研讨会、文化节、模拟联合国等活动，邀请来自世界各地的专家、学者和学生参与，为大学生提供一个与国际人士直接交流和互动的平台。通过这些活动，学生可以拓宽国际视野，锻炼跨文化交流能力，培养全球意识和国际责任感。

（二）新兴技术的应用与创新

新兴技术如人工智能、大数据、生物技术、量子计算、区块链等大规模地涌现和发展，深刻地改变着人类社会生产方式、生活方式和思维方式。这些新兴技术不仅为经济增长和社会发展注入了强大动力，还为大学生创新创业提供了无限可能和广阔空间。在此背景下，大学生能否熟练掌握并创新应用新兴技术，已经成为他们能否在未来职业竞争中脱颖而出的关键因素之一。

对于大学生来说，掌握新兴技术意味着要建立扎实的理论基础。他们需要深入学习相关学科的基本原理、核心概念和关键算法，了解技术的发展脉络和前沿动态。学习人工智能的学生不仅要掌握机器学习、深度学习、自然语言处理等领域的基本理论和方法，还要关注人工智能在医疗、金融、交通、教育等行业的最新应用案例和发展趋势。大学生还需要具备熟练的实践操作能力，能够运用相关的编程工具、开发平台和实验设备进行实际的项目开发和技术应用。在大数据领域，学生要能够运用 Hadoop、Spark 等大数据处理框架进行数据采集、存储、分析和可视化，为企业决策提供有力支持。

创新应用新兴技术则要求大学生具备敏锐的创新思维和强大的问题解决能力。大学生不能满足于对现有技术的简单模仿和应用，而要善于从实际问题出发，发现潜在的需求和创新点，运用新兴技术提出独特而有效的解决方案。在医疗健康领域，利用人工智能技术进行疾病预测和诊断、制定个性化医疗方案；在城市管理方面，通过大数据分析优化交通流量、提升能源利用效率、改善公共服务质量；在农业生产中，运用生物技术培育优良品种、提高农产品产量和质量、减少环境污染。为了培养大学生新兴技术应用与创新能力，高校应当加强相关课程体系的建设和优化，及时更新教学内容，引入最新科研成果和产业实践案例。同时，加大对实验教学和实践基地的投入，为学生提供充足的实践机会和硬件支持。此外，高校还应积极鼓励学生参与科研项目、创新创业竞赛和企业实习，让他们在实际操作中积累经验、锻炼能力、激发创新灵感。

二、持续推进融合的方向与重点

（一）深化思政教育内容

在大学生创新教育与实践的过程中，思想政治教育始终发挥着方向引领、价值观塑造、内在动力激发的关键作用。将科学家精神深度融入思想政治教育内容，对于培养具备高尚道德情操、强烈社会责任感和执着创新追求的大学生，具有重大且深远的意义。

科学家精神不仅是科学家取得重大科学发现和技术创新的关键因素，还是每一个大学生在学习、生活和未来工作中应当秉持和践行的价值准则。爱因斯坦在探索相对论的过程中，不畏权威，坚持对真理的追求，敢于挑战传统的物理学观念，展现了非凡的创新勇气和科学精神。我国"杂交水稻之父"袁隆平，一生致力于杂交水稻的研究和推广，扎根田间地头，几十年如一日地辛勤耕耘，为解决全球粮食问题做出了巨大贡献，体现了科学家的爱国情怀、敬业精神和无私奉献。

在课程设计方面，教师可以将科学家精神的培育与专业课程教学紧密结合起来，通过讲述科学家的奋斗故事、分析科学研究中的经典案例、组织学生开展专题讨论等方式，让学生在学习专业知识的同时，深刻领悟科学家精神的内涵和价值。在物理学课程中，可以介绍牛顿、伽利略等科学家在探索力学规律过程中所展现出的科学思维和研究方法；在生物学课程中，可以讲述达尔文进化论的形成过程，让学生感受科学家勇于创新、严谨治学的精神。在实践教学环节中，要引导学生树立严谨的治学态度和实事求是的科学作风，要求学生如实记录实验数据，不篡改、不伪造实验结果，培养学生遵守学术规范、诚实守信的品质。在毕业论文和科研项目中，加强对学术抄袭和造假行为的监督和惩处，营造风清气正的学术环境。

（二）创新教育与实践模式的更新

随着社会发展和科技进步，传统的大学生创新教育与实践模式逐渐暴露出一些不足之处，如教学方法单一、实践环节薄弱、评价体系不完善等。为了更好地适应未来社会对创新人才的需求，需要不断探索和创新教育与实践模式，突出学生主体地位，强化实践能力培养，完善评价机制，提高教育质量和效果。

传统教育模式往往以教师为中心，注重知识单向传授，学生处于被动接受状态，缺乏主动思考和探索的机会。这种模式不利于培养学生的创新思维和解决实际问题的能力。创新教育与实践模式的更新，应当更加突出学生的主体地位，鼓励学生积极参与教学过程，提出自己的想法和观点，培养学生的自主学习能力和创新意识。可以采用项目式学习、问题导向学习、探究式学习等教学方法，让学生在解决实际问题的过程中学习和应用知识，培养创新能力。以项目式学习为例，教师可以给出一个具体的项目任务，如设计一款智能家居系统，学生需要组成团队，进行需求分析、方案设计、技术实现、测试优化等一系列工作，同时学生需要自主思考、分工协作、不断尝试和改进，从而提高创新能力和实践能力。

产学研合作是创新教育与实践的重要模式之一，它将学校的教育资源与企业的实践需求、科研机构的研究成果有机结合起来，为学生提供了真实的创新实践环境和应用场景。通过与企业和科研机构合作，学生可以接触到行业前沿技术和问题，参与实际研发项目和生产过程，了解市场需求和产业发展趋势，提高创新针对性和实用性。高校可以与企业共建实验室、研发中心，共同开展技术研发和产品创新；组织学生到企业实习、实训，参与企业技术改造和新产品开发；邀请企业专家和技术人员到学校授课、指导学生实践，建立产学研协同育人的长效机制。

线上线下混合教学模式是信息技术与教育教学深度融合的产物，它充分发挥了线上教学资源丰富、学习方式灵活和线下教学互动性强、实践操作便利的优势，为学生提供了更加个性化、高效率的学习体验。线上教学可以为学生提供丰富的多媒体学习资源，如教学视频、在线课程、虚拟实验室等，学生可以根据自己的兴趣和需求自主选择学习内容和时间，实现个性化学习。线下教学则可以通过课堂讨论、小组协作、实验操作等方式，加强师生之间、学生之间的互动交流，提高学生的实践能力和团队合作精神。在一门计算机编程课程中，教师可以先通过线上教学平台发布教学视频和练习题，让学生自主学习基础知识，然后在课堂上组织学生进行项目实践、代码互评和问题讨论，加深对知识的理解和应用。

创新教育与实践的评价体系也需要进行更新和完善。传统评价体系往往过于注重考试成绩和学术论文，忽视了学生的创新能力、实践能力和综合素质的评价。为了更加全面、客观、准确地评价学生的学习成果和创新能力，应当建立多元化的评价指标体系，包括创新思维、实践能力、团队协作、问题解决能力、项目成果等多个方面。评价方式也应当多样化，除了考试、论文，还可以采用项目报告、作品展示、现场答辩、企业评价等方式，充分体现学生的创新实践能力和综合素质。

总之，为了适应未来社会的发展需求，大学生创新教育与实践需要在能力培养、思政教育、教育模式等方面不断进行改革和创新。通过培养大学生的全球视野、跨文化交流能力、新兴技术应用与创新能力，深化思政教育内容，更新创新教育与实践模式，完善评价体系，为大学生成长发展提供更加优质的教育资源和环境，培养出更多具有创新精神和实践能力的高素质人才，为科技进步和社会发展做出更大贡献。

参考文献

[1] 彼得·德鲁克. 创新与企业家精神 [M]. 蔡文燕, 译. 北京: 机械工业出版社, 2007.

[2] 陈丹, 何应林. 反思与超越大学生创业失败案例评析 [M]. 武汉: 华中科技大学出版社, 2021.

[3] 陈建. 大学生创新与创业基础 [M]. 厦门: 厦门大学出版社, 2023.

[4] 董红梅, 张涛. 高校专创融合教育理论与实践研究 [M]. 长沙: 湖南大学出版社, 2024.

[5] 杜志学. 高校教学管理及教学质量保障体系研究 [M]. 长春: 吉林大学出版社, 2024.

[6] 范俊峰, 邓苏心, 王海霞. 高校创新创业教育与思政教育深度融合刍议 [J]. 学校党建与思想教育, 2022, 686 (23): 85-87.

[7] 冯瑞芝. 数字技术赋能思想政治教育高质量发展研究 [D]. 兰州: 兰州大学, 2023.

[8] 顾美霞, 欧阳倩兰. 课程思政视角下的高校创新创业课程建设 [J]. 学校党建与思想教育, 2020, 639 (24): 71-72.

[9] 关春燕, 何淑贞. 协同理论视阈下高校创新创业教育课程思政体系建设研究 [J]. 学校党建与思想教育, 2022, 675 (12): 49-51.

[10] 郭利霞. 新时代大学生创新能力培养探究 [J]. 学校党建与

思想教，2025，741（6）：78-80.

［11］国务院　办公厅关于进一步支持大学生创新创业的指导意见［EB/OL］.（2021-10-12）［2024-09-21］. https：//www.gov.cn/zhengce/zhengceku/2021-10/12/content_5642037.htm.

［12］韩健文，何美娜. 提升大学生创新创业能力的实践探索［J］. 学校党建与思想教育，2020，621（6）：69-71.

［13］何婷婷. 高校教师信息化教学能力培养［M］. 北京：文化发展出版社，2024.

［14］赫尔曼·哈肯. 协同学——大自然构成的奥秘［M］. 凌复华，译. 上海：上海译文出版社，2013.

［15］洪晓畅，毛玲朋. 创新创业教育的思想政治教育功能研究［J］. 思想教育研究，2022，335（5）：155-159.

［16］胡建宏. 大学生创新创业素养训练［M］. 北京：清华大学出版社，2017.

［17］黄晨晨. 新形势下高校创新创业教育与思想政治教育融合路径——评《新形势下高校创新创业教育》［J］. 科技管理研究，2022，42（18）：213-214.

［18］黄坤锦. 美国大学的通识教育［M］. 北京：商务印书馆，2023.

［19］姜虹伊. 高校思政教育和创新创业教育的融合与发展［J］. 山西财经大学学报，2025，47（S1）：271-273.

［20］教育部关于加快建设高水平本科教育全面提高人才培养能力的意见［EB/OL］.（2018-09-17）［2024-09-15］. https：//www.gov.cn/gongbao/content/2019/content_5362027.htm.

［21］李存金. 大学生创新思维能力培养方法论［M］. 北京：经济科学出版社，2013.

［22］李建国，杨莉莉. "双创"教育新模式的实践探索——以华中科技大学为例［J］. 中国高校科技，2019（10）：55-58.

[23] 李梁. 现代信息技术与高校思想政治理论课教育教学深度融合研究 [M]. 北京: 人民出版社, 2021.

[24] 李琳. 大学生创新能力培养与开发研究 [M]. 北京: 文化发展出版社, 2024.

[25] 李娜, 郭砾, 贺明阳. 高校开展"思专创"人才培养模式的优化路径 [J]. 黑龙江高教研究, 2023, 41 (5): 123-128.

[26] 李润亚, 张潮, 张珂, 等. 大学生创新创业能力系统构成及其表现研究 [J]. 教育理论与实践, 2024, 44 (18): 10-15.

[27] 李智慧. 高校思想政治教育有效资源开发利用研究 [M]. 北京: 旅游教育出版社, 2022.

[28] 李忠军, 等. 马克思恩格斯思想政治教育思想研究 [M]. 北京: 高等教育出版社, 2024.

[29] 刘涵. 大学生创造性劳动素养评价指标体系的构建研究 [D]. 武汉: 华中师范大学, 2024.

[30] 刘露, 汤礼广. 大学生创新创业基础与实践 [M]. 合肥: 合肥工业大学出版社, 2022.

[31] 刘舒. 思想政治教育在培养高校创新人才中的作用研究 [D]. 沈阳: 沈阳农业大学, 2017.

[32] 刘中亮, 周统建. 高校创新创业教育生态场域构建探析 [J]. 江苏高教, 2022 (10): 80-84.

[33] 柳世玉, 王瀚, 马倩雯. 融合发展: 教育信息化2.0时代的高校创新创业教育 [M]. 长春: 吉林大学出版社, 2023.

[34] 龙明慧. 人工智能背景下大学生创新创业实践研究 [M]. 成都: 电子科技大学出版社, 2024.

[35] 卢明森, 何明申. 创新思维学引论 [M]. 北京: 高等教育出版社, 2005.

[36] 栾海清, 薛晓阳. 大学生创新创业能力培养机制: 审视与改进 [J]. 中国高等教育, 2022 (12): 59-61.

[37] 罗克全，崔璨. 科学家精神 [M]. 沈阳：东北大学出版社，2024.

[38] 宁德鹏，何彤彤，何玲玲，等. 高校课程思政与创新创业教育课程深度融合路径探赜 [J]. 江苏高教，2023（4）：102-106.

[39] 沈壮海. 思想政治教育有效性研究 [M]. 武汉：武汉大学出版社，2008.

[40] 沈壮海. 新编思想政治教育学原理（第二版）[M]. 北京：中国人民大学出版社，2023.

[41] 盛红梅. 大学生创新创业价值观研究 [M]. 北京：九州出版社，2024.

[42] 宋保峰，苏新民，吕晓丽. 大学生创新创业基础教程 [M]. 苏州：苏州大学出版社，2024.

[43] 宋妍. 高校创新创业教育与思想政治教育关系研究 [D]. 长春：东北师范大学，2017.

[44] 檀西西. 高校思政教育与创新创业教育融合的路径 [J]. 山西财经大学学报，2024，46（S2）：293-295.

[45] 唐沙. 新时期课程思政在创新创业教育中的应用实践 [J]. 食品研究与开发，2023，44（23）：240.

[46] 王传涛，姚圣卓，田洪森. 新工科视域下地方工科高校创新创业课程体系探析 [J]. 教育与职业，2020，973（21）：55-59.

[47] 王洪才. 创新创业教育：中国特色的高等教育发展理念 [J]. 南京师大学报（社会科学版），2021（6）：38-46.

[48] 王洪才. 创新创业能力培养：作为高质量高等教育的核心内涵 [J]. 江苏高教，2021（11）：21-27.

[49] 温雷雷. 关于高校创新创业教育融入思政课程耦合机制的思考 [J]. 教育与职业，2021，1000（24）：53-57.

[50] 吴梅英. 大学生创新能力培养模式研究 [J]. 中国高等教育，2021（5）：56-58.

[51] 习近平. 论党的青年工作 [M]. 北京：中央文献出版社，2022.

[52] 习近平对学校思政课建设作出重要指示强调：不断开创新时代思政教育新局面　努力培养更多让党放心爱国奉献担当民族复兴重任的时代新人 [EB/OL]. (2024-05-11) [2024-05-14]. https：//www.gov.cn/yaowen/liebiao/202405/content_6950473.htm.

[53] 习近平新时代中国特色社会主义思想三十讲 [M]. 北京：学习出版社，2018.

[54] 习近平在全国高校思想政治工作会议上强调把思想政治工作贯穿教育教学全过程　开创我国高等教育事业发展新局面 [EB/OL]. (2016-12-08) [2024-09-14]. http：//www.moe.gov.cn/jyb_xwfb/s6052/moe_838/201612/t20161208_291306.html.

[55] 习近平主持召开学校思想政治理论课教师座谈会 [EB/OL]. (2019-03-18) [2024-07-25]. https：//www.gov.cn/xinwen/2019-03/18/content_5374831.htm.

[56] 习近平总书记教育重要论述讲义 [M]. 北京：高等教育出版社，2020.

[57] 夏雪花. 新时代高校创新创业教育与思想政治教育融合的途径探析 [J]. 思想理论教育导刊，2021，272（8）：136-140.

[58] 熊辉，周玉波. 思想政治教育在大学生学习力培养中的价值功能及实现路径 [J]. 思想教育研究，2024，360（6）：138-143.

[59] 徐红. 大学生与人交流能力培养的教学实践 [J]. 湖北师范学院学报（哲学社会科学版），2009，29（6）：131-134.

[60] 雅斯贝尔斯. 什么是教育 [M]. 邹进，译. 北京：三联书店，1991.

[61] 姚井君. 多维视角下的高校创新人才培养研究 [M]. 北京：中国商务出版社，2023.

[62] 张成龙，王悦. 创新创业教育视域下的德育拓新之路 [J].

中学政治教学参考，2023（43）：37-39.

［63］张佳景，张子睿．思创融合实践研究：关于思想政治教育与创新创业教育融合的实践探索［M］．北京：中国农业科学技术出版社，2020.

［64］张小玉，张梅．高校大学生创新创业能力培养策略研究［J］．学校党建与思想教育，2019，612（21）：95-96.

［65］张耀灿，郑永廷等．现代思想政治教育学［M］．北京：人民出版社，2006.

［66］赵亮．高校创新创业教育与思想政治教育融合研究［D］．南京：东南大学，2022.

［67］赵雪章．网络大数据分析对高校教育教学的影响［M］．武汉：武汉大学出版社，2022.

［68］赵志伟．社会主义核心价值观融入大学生创新创业教育研究［D］．郑州：郑州大学，2021.

［69］郑江松．高校思想政治教育与大学生创新创业教育的有机融合［J］．学校党建与思想教育，2024，718（7）：88-90.

［70］郑彦云．大学生创新创业能力培养［M］．广州：暨南大学出版社，2017.

［71］郑玥，王茸，刘华艳．产教深度融合背景下高校教育发展创新与实践研究［M］．长春：吉林文史出版社，2023.

［72］中共中央　国务院印发《国家创新驱动发展战略纲要》［EB/OL］．（2016-05-19）［2024-10-23］．https：//www.gov.cn/zhengce/202203/content_3635217.htm.

［73］中共中央　国务院印发《教育强国建设规划纲要（2024—2035年）》［EB/OL］．（2025-01-19）［2025-01-20］．https：//www.gov.cn/gongbao/2025/issue_11846/202502/content_7002799.html.

［74］中共中央　国务院印发《中长期青年发展规划（2016—2025年）》［EB/OL］．（2014-04-13）［2024-07-18］．https：//www.gov.

cn/zhengce/202203/content_3635263.htm#1.

[75] 中共中央关于进一步全面深化改革　推进中国式现代化的决定［M］．北京：人民出版社，2024．

[76] 中共中央文献研究室．习近平关于科技创新论述摘编［M］．北京：中央文献出版社，2016．

[77] 中共中央文献研究室．习近平关于全面深化改革论述摘编［M］．北京：中央文献出版，2014．

[78] 中央党校（国家行政学院）经济学部．先立后破：走好中国经济稳定发展之路［M］．北京：人民出版社，2024．

[79] 钟元生，张玉玲，涂云钊．科创意识融入双创课程的课程思政模式研究［J］．现代教育技术，2023，33（2）：119-126．

[80] 周宝玲．大学生跨文化交际能力的培养策略研究［M］．天津：天津大学出版社，2021．

[81] 朱华兵，黄扬杰．创新竞赛赋能大学生创新能力的三维建构［J］．学校党建与思想教育，2025，741（6）：75-77．

[82] 朱恬恬．高校教育资源配置效率评价与优化策略［M］．北京：人民出版社，2024．